Beck'scheReihe

BsR 1209

Das Zusammentreffen von Religion und Staatlichkeit ist ein erregendes Thema. Wie nirgends sonst wird hier die Geschichtsmächtigkeit der „Bilder in unseren Köpfen" – der handlungsleitenden Vorstellungen – greifbar: So wirken religiöse Vorstellungen immer wieder tief in die politischen Kräfteverhältnisse hinein, wie etwa das Bild, das man sich im europäischen Mittelalter über die Stellung von Papst und Kaiser in einer gottgestifteten Weltordnung machte. – Auf der anderen Seite wirken sich Interessen und politische Kräfte auf die Erhaltung, Durchsetzung oder inhaltliche Gestaltung von Religionen aus, wie etwa die Bestimmung des athanasianischen Christentums zur alleinberechtigten Staatsreligion durch Theodosius oder die Begründung der anglikanischen Kirche durch Heinrich VIII. Über das fast zweitausendjährige Mit- und Gegeneinander politischer und kirchlicher Zentralgewalten wird hier – wo möglich an Hand von Dokumenten, welche die Ereignisse begleitet haben – berichtet.

Reinhold Zippelius ist Professor für Rechtsphilosophie und öffentliches Recht an der Universität Erlangen-Nürnberg und Mitglied der Akademie der Wissenschaften und der Literatur in Mainz. Veröffentlichungen: Allgemeine Staatslehre (12. Aufl. 1994, Übersetzungen ins Portugiesische und Spanische); Geschichte der Staatsideen (9. Aufl. 1994); Rechtsphilosophie (3. Aufl. 1994); Grundbegriffe der Rechts- und Staatssoziologie (2. Aufl. 1991); Juristische Methodenlehre (6. Aufl. 1994); Recht und Gerechtigkeit in der offenen Gesellschaft (2. Aufl. 1996); Kleine deutsche Verfassungsgeschichte (3. Aufl. 1996); Deutsches Staatsrecht (29. Aufl. 1994; vormals gemeinsam mit Theodor Maunz †).

REINHOLD ZIPPELIUS

Staat und Kirche

Eine Geschichte
von der Antike bis zur Gegenwart

VERLAG C. H. BECK

Die Deutsche Bibliothek – CIP-Einheitsaufnahme

Zippelius, Reinhold:
Staat und Kirche : eine Geschichte von der Antike
bis zur Gegenwart / Reinhold Zippelius. – Orig.-Ausg. –
München : Beck, 1997
   (Beck'sche Reihe ; 1209)
   ISBN 3 406 42009 5
NE: GT

Originalausgabe
ISBN 3 406 42009 5

Umschlagentwurf: Uwe Göbel, München
C. H. Beck'sche Verlagsbuchhandlung (Oscar Beck), München 1997
Gesamtherstellung: C. H. Beck'sche Buchdruckerei, Nördlingen
Gedruckt auf säurefreiem, alterungsbeständigem Papier
(hergestellt aus chlorfrei gebleichtem Zellstoff)
Printed in Germany

Vorwort

Religionen sind der Sehnsucht entsprungen, die unsichtbaren Mächte, welche die Fäden des sichtbaren Welttheaters ziehen, zu erkennen und zu beschwören. Sie entstammen auch dem Bedürfnis, die unendlich komplexe Welt zu „begreifen": sie überschaubar und faßbar zu machen. Auch zu diesem Zweck entwerfen wir „Weltanschauungen": umfassende Bilder von der Welt und unserer Stellung in ihr. Auf die metaphysischen Sehnsüchte einer Epoche eine erlösende, umfassende und einprägsame Antwort zu finden, ist das Charisma der Religionsstifter. Die von ihnen geschaffenen „Bilder in unseren Köpfen" werden zu handlungsleitenden Vorstellungen. Dies haben die großen Religionen schon immer gewollt, lange bevor Karl Marx es aussprach: Es gilt, die Welt nicht nur zu interpretieren, sondern sie zu verändern. Wie nirgends sonst wird die Geschichtsmächtigkeit von Ideen dort sichtbar, wo Religion und Staatlichkeit zusammentreffen. Zum Beispiel wirkte das Bild, das man sich einst von der Stellung des Papstes und des Kaisers in einer gottgestifteten Weltordnung machte, tief in die politischen Kräfteverhältnisse hinein. Auf der Vorstellung von der päpstlichen Schlüsselgewalt, zu binden und zu lösen, beruhte die politische Wirksamkeit des Bannes, den Gregor VII. im Jahre 1076 über Heinrich IV. verhängte [Kap. 5]. Als dann aber der taktische Gebrauch der Bannung offenkundig wurde, verlor diese ihre politische Kraft: Hier vollzog sich ein Wandel im politischen Kräftespiel, weil handlungsleitende Ideen ihre Motivationskraft verloren. Ein Beispiel für die Macht herrschender Vorstellungen bietet auch die Entstehung des neuzeitlichen Verfassungsstaates, die sich im siebzehnten Jahrhundert in England anbahnte. Diese Neugestaltung der Staatlichkeit war gewiß auch durch Veränderungen der tatsächlichen Verhältnisse bedingt, in noch stärkerem Maße aber durch einen Vorstellungswandel: Es war die große Idee individueller Selbstverantwortung, die von den Independenten zuerst in Glaubensdingen zur Wirkung gebracht und nun auf den politischen Bereich übertragen wurde. Der Staat erschien jetzt als ein Ergebnis menschlicher Übereinkunft, folglich der Herrscher als eine vom Volk berufene und ihm verantwortliche Instanz [Kap. 13 c]. So nahmen die neuen Ideen den alten, im mittelalterlichen Weltbild gegründeten Herrschaftsstrukturen ihre Kraft, indem sie diese ihrer Legitimität beraubten.

Auf der anderen Seite wirken Interessen, politische Kräfte und politischer Gestaltungswille – der durchaus nicht religiös motiviert sein muß – auf die Erhaltung, Durchsetzung oder inhaltliche Gestaltung von Religionen hin. So wären etwa im römischem Imperium die altehrwürdigen Kulte und Tempel weniger rasch zerstört worden, wenn nicht der weltliche Arm eines Theodosius geholfen hätte. Ihm ist es auch mit zu verdanken, daß sich das athanasianische Christentum gegen das arianische durchsetzen konnte [Kap. 2 a]. Zu diesem Erfolg trug auch Chlodwig bei: Für ihn gab es gute politische Gründe, im Gegensatz zu den anderen Germanen das athanasianische Bekenntnis zu wählen; das wiederum hatte zur Folge, daß dieses Bekenntnis im mächtig werdenden Frankenreich zur verbindlichen Konfession wurde [Kap. 3 b]. Ein Beispiel staatlicher Eingriffe in den religiösen Bereich bietet auch die Begründung der anglikanischen Kirche durch den höchst weltlichen Machtwillen Heinrichs VIII [Kap. 10 b]. Ein weiteres Beispiel ist die Säkularisierung der großen kirchlichen Besitztümer, die sich im Gefolge der napoleonischen Kriege vollzog und dazu führte, daß die Bindungen des katholischen Klerus an Rom und insgesamt der päpstliche Zentralismus bedeutend gestärkt wurden [Kap. 14 b].

Unser Bild von der Vergangenheit trägt stets legendenhafte Züge, auch wo es nicht erdichtet ist: schon dadurch, daß geschichtliche Überlieferung ihre Tatsachen stets aus der Perspektive eines „weltanschaulichen" Standortes sieht, auswählt und akzentuiert. Nun lag die Formung des Geschichtsbildes jahrhundertelang in den Händen von schreibkundigen Klerikern. Wer will es ihnen verargen, daß sie die Welt vom Standpunkt ihrer Überzeugungen und ihrer Interessen aus sahen und beschrieben? Wen wundert es, daß die Gestalt Constantins sich aus der Sicht des Eusebius von Caesarea anders ausnimmt als aus der eines Theodor Mommsen?

Neben diesem unschuldigen Wirken der „Perspektive" finden sich Zutaten der produktiven Phantasie. So haben die Sinnstifter und Weltbilderfinder aller Zeiten auch wirkungsmächtige Bilder in die Köpfe gepflanzt, die in den Tatsachen kein Vorbild haben. Auf solche Weise entstanden in der frühen Karolingerzeit die gefälschte Urkunde über die Constantinische Schenkung und die Pseudoisidorischen Decretalen, die später den päpstlichen Anspruch stützten, auch weltliches Haupt der Christenheit zu sein, und zudem in der Kirche selbst die päpstliche Zentralgewalt stärkten.

Im historischen Wandel der Perspektiven werden Irrtümer aufgedeckt und bisher übersehene Tatsachen neu entdeckt, es werden Tatsachen neu bewertet, die aus neuer Sicht bisher über- oder unterschätzt worden sind. So wird die Legende immer wieder – aus immer neuer Perspektive – neu erzählt. „Wie es eigentlich gewesen ist", wird man wohl nicht erfahren.

Inhalt

1. Die verbotene Religion

Es gehörte zur römischen Staatsklugheit, in einem expandierenden Weltreich den besiegten Völkern die Pflege ihrer überkommenen Religion zu erlauben. Auch wurden in Rom selbst fremde Götter und Kulte aufgenommen, aus der Überzeugung, daß man nicht nur auf einem einzigen Weg zu dem großen Geheimnis des Göttlichen gelangen könne, *„uno itinere non potest perveniri ad tam grande secretum“:* So faßte Symmachus diese Geisteshaltung nocheinmal zusammen, bevor das Christentum als alleinseligmachende Staatsreligion etabliert wurde (Demandt S. 415). Aus dieser Gesinnung heraus haben Agrippa und Hadrian ein Pantheon errichtet, das allen Göttern geweiht war. Mommsen (S. 497) hatte also wohl recht, wenn er Toleranz für ein Prinzip der römischen Staatsreligion hielt. Doch wurde von allen erwartet, daß sie sich ihrerseits den bescheidenen Forderungen der einheitstiftenden römischen Loyalitätsreligion fügten und nach deren Ritus Gebete und Opfer für das Heil des Gemeinwesens und des Kaisers vollzogen. Das aber verweigerten die Christen und setzten sich nicht zuletzt deshalb der Verfolgung aus. Dabei kann es dahingestellt bleiben, ob diese wegen eines *crimen sacrilegii* erfolgte, weil die Christen die Staatsgötter leugneten, oder wegen eines *crimen laesae maiestatis*, weil sie die dem Kaiser geschuldete göttliche Verehrung verweigerten, oder ob die Verfolgungen einfach im Verwaltungswege wegen der bekundeten Renitenz geschah (wie das ein Pliniusbrief nahelegt, auf den noch zurückzukommen ist), oder vielleicht auch deshalb, weil die Christen im Geruch standen, sie wollten die alte Ordnung umstürzen.

Gegen den Verdacht der Umstürzlerei verteidigten sich zwar die Christen: Mit dem von ihnen erwarteten neuen Reich meinten sie kein weltliches Reich, sondern die Herrschaft Gottes. So schrieb um die Mitte des zweiten Jahrhunderts Justin in seiner *Ersten Apologie* an Kaiser Antoninus Pius (L, S. 22): „Wenn Ihr gehört habt, daß wir ein Reich erwarten, habt Ihr das gewöhnlich, ohne zu unterscheiden, so aufgefaßt, als meinten wir ein menschliches Reich. Wir aber meinen die Herrschaft Gottes."

Und doch lag der Befürchtung, die Christen wollten die alte Ordnung verändern, ein zutreffendes Gefühl zugrunde: In dem Anspruch, aus christlicher Glaubensentscheidung, wenn nötig, auch im Widerspruch zur politischen Gewalt zu handeln, lag ein tiefer Bruch mit der antiken Weltanschauung und dem antiken Staat, der vom Einzelnen beanspruchte, sich seiner Ordnung einzufügen. Von dieser Ordnung distanzierten sich die Christen, nicht nur durch Ablehnung der „Loyalitäts-religion", sondern auch dadurch, daß sie sich vielfach, auch in schwierigen Zeiten, dem Staats- und Militärdienst entzogen. Auch der missionarische Drang der Christen, andere für ihren Glauben zu gewinnen, das Proselytenmachen, war den Römern wohl „neu und odiös" (Mommsen S. 498). Hinzu kam, daß der jüdisch-christliche Gott, anders als Jupiter, keine anderen Götter neben sich duldete, was der herkömmlichen religiösen Kompromißbereitschaft zuwiderlief. Und da die alten Götter nicht nur den überkommenen Kultus, sondern auch die überkommene Kultur bevölkerten, konnte man auch diese gefährdet sehen. – Wegen der Kompromißlosigkeit des Christentums war später dessen Erhebung zur Staatsreligion – von einem Sieg individueller Glaubensfreiheit ganz zu schweigen – nicht nur eine Rückkehr zum antiken Etatismus in Religionsangelegenheiten, sondern dessen Verschärfung.

Von wann ab das Christentum verfemt war, läßt sich nicht aufs Jahr genau feststellen. Den Verfolgungen unter Nero im Jahre 64 lag offenbar noch keine klare juristische und staatspolitische Konzeption zugrunde. Hier spielte wohl das Bestreben Neros eine Rolle, die Volkswut wegen des Brandes der Stadt von sich abzulenken; als Sündenbock boten sich Leute an, denen man einen unheilvollen Aberglauben und Menschenhaß zuschrieb (Tacitus, Annalen XV c.44; Sueton, Nero, c.16) und die schon unter Claudius unliebsam aufgefallen waren: als „Juden, welche, aufgehetzt durch Chrestus, fortwährend Unruhen erregten" (Sueton, Claudius, c.25).

Ein Bild der späteren Christenverfolgungen gibt der erwähnte Pliniusbrief aus dem Jahre 112 und die Antwort Trajans (Plinius d.J., Briefe X 96, 97): Plinius der Jüngere, damals Statthalter der Provinz Bithynien, berichtete dem Kaiser: „Inzwischen habe ich bei denen, die mir als Christen angezeigt wurden, folgendes Verfahren eingeschlagen. Ich habe sie zunächst selber befragt, ob sie Christen seien. Bejahten sie das, so habe ich noch ein zweites und drittes Mal gefragt und ihnen dabei mit Bestrafung gedroht; blieben sie dann noch dabei, so habe ich sie zur Bestrafung abführen lassen. Denn es war mir klar, daß, ganz einerlei, was sie nun schließlich zu gestehen hatten, schon der Trotz allein und ihre unbeugsame Hartnäckigkeit Strafe verdiente. Andere, die dem selben Wahn huldigten, habe ich, da sie römische Bürger waren, zum Transport nach Rom vorgemerkt. Allein durch die Untersuchung selbst erweiterte sich, wie das so zu gehen pflegt, der Kreis der Anschuldigungen. [...] Es wurde mir eine anonyme Anzeige vorgelegt, die viele Namen enthielt. Diejenigen, die behaupteten, sie seien keine Christen, seien es auch nie gewesen, glaubte ich freilassen zu müssen, wenn sie nach meinem Beispiel die Götter anriefen, Deinem Bilde, das ich hierzu mit den Götterstatuen hatte herbeibringen lassen, Weihrauch und Wein opferten und zudem Christus lästerten; denn man sagt, daß die wirklichen Christen nicht gezwungen werden können, dies zu tun. Andere, deren Namen ebenfalls in der Anzeige standen, sagten erst, sie seien Christen, und leugneten es gleich darauf: ja, sie seien einmal Christen gewesen, hätten es dann aber wieder aufgegeben, einer vor drei Jahren, ein anderer vor noch mehr, einer sogar vor zwanzig Jahren. Diese alle bezeugten Deinem Bilde und den Statuen der Götter ihre Verehrung und lästerten Christus. Sie behaupteten aber, ihre ganze Schuld oder ihr Irrtum habe in folgendem bestanden: Sie seien gewöhnlich an einem bestimmten Tage vor Sonnenaufgang zusammengekommen, hätten abwechselnd ein Lied zum Preise Christi als ihres Gottes gesungen und sich durch ein Gelöbnis nicht etwa zu ei-

15

nem Verbrechen verpflichtet, sondern dazu, keinen Diebstahl, Raub oder Ehebruch zu begehen, auch niemanden zu betrügen und anvertrautes Gut bei der Rückforderung nicht abzuleugnen. Hierauf seien sie dann gewöhnlich auseinandergegangen und hätten sich wieder zusammengefunden, um etwas zu sich zu nehmen, aber durchaus gewöhnliche und anständige Speisen. Später, nach meiner Bekanntmachung, durch die ich auf Deinen Befehl alle geheimen Gesellschaften verboten hatte, hätten sie auch das gelassen. Um so notwendiger schien es mir, aus zwei Mägden, die bei ihnen Diakonissen heißen, die Wahrheit auf der Folter zu erzwingen. Aber ich fand nichts weiter als einen üblen und maßlosen Aberglauben. Ich habe daher die Untersuchung zunächst eingestellt und einen Ausweg darin gesucht, Dich um Rat zu fragen. Denn die Sache schien wichtig genug, Dich zu befragen, hauptsächlich wegen der großen Menge der Gefährdeten. Denn viele Leute jeden Alters, jeden Standes und beider Geschlechter sind in Gefahr und werden noch in sie geraten. Nicht bloß in den Städten, auch in den Dörfern und auf dem flachen Lande haben sich die Keime dieses Aberglaubens verbreitet; noch aber, glaube ich, kann man ihm Einhalt gebieten und ihn heilen. Eines ist jedenfalls gewiß: Die fast schon verlassenen Tempel werden wieder besucht, die heiligen Opferhandlungen, die lange ausgesetzt hatten, beginnen wieder, und das Opferfleisch, das nur noch selten Absatz fand, wird wieder verkauft. Daraus ist leicht zu ersehen, wie viele Menschen wieder auf den richtigen Weg geführt werden können, wenn man ihnen Gelegenheit zur Reue gibt."

Trajan (98–117) antwortete: „In den Verfahren gegen jene, die Dir als Christen angegeben wurden, hast Du, lieber Secundus, pflichtgemäß gehandelt. Allgemein läßt sich nämlich keine feste Regel aufstellen. Aufspüren soll man sie nicht; wenn sie aber angezeigt und überführt werden, soll man sie bestrafen. Dabei ist zu beachten, daß einer, der leugnet, Christ zu sein, und dies durch sein Tun, nämlich durch ein Gebet zu unseren Göttern, beweist, durch seine Reue Verzeihung erlangen soll, auch wenn für die Vergangenheit ein Verdacht gegen ihn besteht. Anonyme Briefe dürfen bei keiner Beschuldigung zugelassen werden: Damit gäbe man ein übles Beispiel, das sich für unsere Zeit nicht schickt."

Da die Christen nach diesem Edikt nicht von Amts wegen aufgespürt werden sollten, konnte sich das Christentum verhältnismäßig ungestört entwickeln und ausbreiten, freilich immer unter der Gefahr des Schwertes, unter dem Risiko einer Verfolgung für den Fall, daß sie angezeigt wurden oder daß ein kaiserliches Edikt eine Verfolgung anordnete.

Tatsächlich flammte dann noch einige Male ein kaiserlicher Wille auf, die Götter Roms gegen das anwachsende Christentum zu verteidigen, wohl in der Hoffnung, man könne das Reich festigen, wenn die alten Römertugenden durch die Verehrung der alten Götter wieder belebt würden. Der Versuch solcher Neubelebung der alten Religion führte zu heftigen Zusammenstößen mit der Kirche, so im dritten nachchristlichen Jahrhundert unter Kaiser Decius (249–251), der Ende 249 für das ganze Reich, für alle Männer, Frauen und Kinder ein allgemeines Opfer anordnete, das notfalls mit der Folter zu erzwingen sei. Die hieraus erwachsende, umfassende Verfolgung führte noch einmal zu einer schweren, nicht nur äußeren, sondern auch inneren Erschütterung der Kirche.

Kaiser Gallienus (260–268) stellte im Jahre 260 die Verfolgungen ein und gab den Christen die eingezogenen Kultstätten zurück. Fast hätte der Staat resigniert. Die christliche Kirche wurde de facto als erlaubte Religion behandelt. „Ungestört nahmen die Christen in der Folgezeit die höchsten Stellen im Heer und am Hofe ein, wurden Statthalter in den Provinzen, konnten ansehnliche Gotteshäuser bauen; ihre Zahl stieg binnen kurzem auf drei bis vier Millionen" (Ebers S. 25).

In der kraftvollen Persönlichkeit Diocletians (284–305) verkörperte sich dann noch einmal der Wille, die alte Ordnung gegen das Christentum zu verteidigen. Nach anfänglicher Toleranz und längerem Zögern ordnete er im Jahre 303 an, die Kirchen niederzureißen, die christlichen Schriften zu verbrennen und die Christen ihrer Ämter zu entsetzen. Durch zwei weitere Edikte wurde verfügt, die Bischöfe und Kleriker einzukerkern und sie zu foltern, wenn sie das Opfer verweigern sollten.

Ein viertes Edikt (304) befahl, den Christen mit allen Mitteln, auch unter Androhung der Todesstrafe, das Opfer abzuzwingen. Von den drei Mitherrschern Diocletians wurden diese Verfügungen im Orient (unter Galerius) und in Italien und Afrika (unter Maximian) strenger, in Gallien (unter Constantius) milder vollzogen. Im Jahr 305 legten Diocletian und Maximian den Purpur ab.

Galerius setzte die Verfolgungen noch einige Jahre fort. Kurz vor seinem Tod kapitulierte er. Im Jahre 311 erließ er im thrakischen Serdica ein Edikt, das anschließend in Nicomedia veröffentlicht wurde (Lactantius, *De mortibus persecutorum*, 34). Darin hieß es: „Unter den übrigen Dingen, die wir immer zu Nutz und Frommen des Gemeinwesens verfügen, wollten wir bisher alles nach den alten Gesetzen und der öffentlichen Ordnung der Römer zurechtrücken und Vorsorge treffen, daß auch die Christen, welche die Religion ihrer Väter verlassen hatten, zur rechten Gesinnung zurückkehrten. Denn aus irgendeinem Grund hatte diese Christen ein solcher Wille und eine solche Torheit ergriffen, daß sie nicht mehr den Einrichtungen der Väter folgten, [...] sondern sich nach eigenem Gutdünken und Belieben Gesetze schufen und befolgten und in verschiedenen Gegenden unterschiedliche Gemeinden bildeten. Als deshalb von uns verfügt worden war, daß sie sich wieder zu den alten Einrichtungen bekehren sollten, wurden viele in Prozesse verwickelt, viele auch vertrieben. Und da die meisten auf ihrem Vorsatz beharrten und wir sahen, daß sie weder den Göttern den Dienst und die schuldige Verehrung erwiesen, noch dem Christengott dienten, glaubten wir, in milder Erwägung und in unserer gegen alle Menschen stets geübten Nachsicht, diese offenkundige Nachsicht auch auf jene ausdehnen zu sollen, so daß sie wieder Christen sein und ihre Versammlungsstätten wieder einrichten dürfen, jedoch so, daß sie nichts tun, was gegen die Disziplin verstößt. [...] Auf Grund dieser Erlaubnis werden jene nun verpflichtet sein, zu ihrem Gott für unser Wohl, für das des Gemeinwesens und für das ihrige zu beten, damit das Reich allerseits unversehrt bestehen bleibe und sie selber ruhig an ihrem Herde leben können." So war nun das christliche Gebet für „Kaiser und Reich" dem herkömmlichen Gebet und Opfer für das Heil des Staates und des Kaisers gleichgestellt (Instinsky) und der überkommenen Loyalitätsreligion eingefügt. – Im Jahr 313 ließ Licinius, nachdem er in Mailand mit seinem Mitherrscher Constantin zusammengetroffen war, in Nicomedien ein an den bithynischen Statthalter gerichtetes Schreiben verkünden, das später als sogenanntes Mailänder Toleranzedikt in die Geschichte eingegangen ist (M Nr. 95). Es nahm die schon im Edikt des Kaisers Galerius ausgesprochenen Gedanken auf und mutet in seiner religiösen Liberalität wie ein Zeugnis aufgeklärter Spätkultur an. Als Ergebnis des Mailänder Zusammentreffens teilte es mit, „daß wir den Christen wie allen anderen erlauben, der Religion, der sie wollen, zu folgen, damit die Gottheit, welche auch immer, [...] uns gnädig und gewogen walten kann". So möge nun jeder seinen Sinn derjenigen Religion zuwenden, „die er für sich am geeignetsten hält". Nicht nur den Christen, sondern auch allen anderen sei also „um des Friedens unserer Zeit willen gleichermaßen die Freiheit gewährt, ihrem Glauben und Gottesdienst nachzukommen".

Wer versucht, in der Frage der Christenverfolgung ein Gesamturteil zu bilden, sollte nicht übersehen, daß schon in den ersten Jahrhunderten wohl mehr Christen durch Christen als durch Heiden getötet wurden, zumal bei den Donatistenstreitigkeiten und -aufständen und den gegenseitigen Verfolgungen von Arianern und Athanasianern [Kap. 2a]. Er sollte auch bedenken, wie sehr durch die Überlieferung neben Bildern wie dem des gesteinigten Stephanus die Bilder jener verblaßt sind, die, wie die gelehrte Hypatia, als Andersdenkende von Christen ermordet wurden.

Nachweise in: v. Hase, §§ 36, 42, 49; *Th. Mommsen,* Römische Kaisergeschichte, hrsg. von B. und A. Demandt, 1992, S. 496 ff.; *Heussi,* §§ 16, 22; *Müller,* §§ 10, 18, 32; *J. Voigt, H. Last,* im Reallexikon für Antike und Christentum, Bd. II 1954, Sp. 1159–1228; *Schmidt,* § 10; *J. Moreau,* Die Christenverfolgung im römischen Reich, 2. Aufl. 1971; *H. U. Instinsky,* Die alte Kirche und das Heil des Staates, 1963; *J. Molthagen,* Der römische Staat und die Kirche im 2. und 3. Jahrhundert, 2. Aufl. 1975; *A. Demandt,* Die Spätantike, 1989; *TRE* Artikel: Christenverfolgungen.

2. Die neue Staatsreligion

a) Die constantinische Wende

Bald kam es über die Toleranz hinaus zu einem Bündnis des römischen Staates mit der christlichen Kirche. Die alten Götter hatten nicht die Kraft besessen, dem römischen Reich den immer wieder gesuchten inneren Halt zu geben. Nun mochte Constantin (Alleinherrscher 325–337) diesen im Christentum suchen. Vielleicht war es der staatsmännische Sinn, der seine großen Vorgänger zu Neubelebungen der alten Religion bewogen hatte, der jetzt Constantin bestimmte, die mächtig gewordene neue Religion in den Staat einzubeziehen. So hat er Basiliken für sie gestiftet und die Kirche mit Privilegien der alten Staatsreligion ausgestattet. Das Bild Constantins selbst ist undeutlich. Mommsen (S. 514) meinte, die Geschichtsschreibung habe ihn schlecht bedient: „einesteils mit der unerträglichen christlichen Lobredner-Schmeichelei, die von Heuchelei und Falschheit trieft und gerade das, was in seiner Stellung groß war, nicht erscheinen läßt, und andernteils mit der haßerfüllten julianischen, in das entgegengesetzte Extrem fallenden Übermalung, die seine Züge unkenntlich macht."

Constantin wahrte seine Toleranz auch gegenüber den nichtchristlichen Religionen. Doch regte sich zugleich der altrömische Ordnungssinn, und es war wohl auch eine Lehre aus dem friedenstörenden Donatistenstreit, aus der sich die Sorge Constantins für die Glaubenseinheit in der neu heranwachsenden Staatsreligion erklärt und damit auch sein persönliches Eingreifen in den Streit zwischen den Konfessionsparteien des Arius und des Athanasius. Es ging um das „Iota": ob Christus wesensgleich oder nur wesensähnlich mit dem Vater – homoousios oder homoi-ousios – sei. Für jenes stritten die Athanasianer, für dieses die Arianer. Das Konzil zu Nicäa (325) sollte entscheiden. Ob der Kaiser – dessen Münzen noch heidnische Symbole trugen – auf den Inhalt der Entscheidung Einfluß nahm, scheint ungesichert; sicher ist, daß er sie mit seiner Autorität versah. So wurde aus der Autorität des ungetauften Kaisers die Lehre verbindlich, daß Jesus Christus nicht nur Gottes Geschöpf, sondern Gottes Sohn, nicht nur Gott ähnlich, sondern ihm wesensgleich sei, „Gott von Gott, Licht vom Licht, wahrer Gott vom wahren Gott, gezeugt, nicht geschaffen, wesensgleich mit dem Vater". Auch dieser Streit war aber nur vorläufig geschlichtet. Noch unter Constantin blieben die Arianer eine ansehnliche Partei. Sein Sohn und Nachfolger Constantius griff zu ihren Gunsten in den Kirchenstreit ein, später begünstigte auch Valens noch zeitweilig die Arianer. Erst Theodosius I. begann sie dann im römischen Reich wirksam zu unterdrücken, doch blieben Goten, Burgunder, Langobarden und Vandalen zunächst der von ihnen übernommenen arianischen Konfession treu [Kap. 3].

Unter den Nachfolgern Constantins verband sich die Bevorzugung der christlichen Religion bereits mit missionarischer Intoleranz gegenüber den heidnischen Religionen. Der neue religiöse Etatismus begann weit über das vergleichsweise bescheidene, altrömische Integrationsverlangen [Kap. 1] hinauszugreifen. Im Jahre 341 wurden heidnische Opfer allgemein verboten. Fünf Jahre später wurde dieses Verbot unter Androhung der Schließung der Tempel wiederholt und im Jahre 356 wurde seine Übertretung unter Todesstrafe gestellt. Die kurze Periode einer Restaurationspolitik unter Kaiser Julianus Apostata (361–363) konnte die Alleinherrschaft des Christentums nicht aufhalten.

Gratian, Valentinian II. und Theodosius I. ordneten im Jahre 380 an, alle Völker, die sie regierten, hätten der Religion zu folgen, die der heilige Petrus den Römern überliefert habe (M/Λ Nr. 310). Theodosius, seit 379 auf dem oströmischen Thron, hob durch seinen Verzicht auf das Amt des *pontifex maximus* auch die materielle Fürsorge des Kaisers für die alte Religion auf. In Auseinandersetzung mit der restaurativen stadtrömischen Adelsbewegung verbot er 391 jeden Kult außerhalb der christlichen Kirche und verschärfte dieses Verbot im darauffolgenden Jahr. Nach seinem Sieg über Eugenius im Jahre 394 konnte Theodosius seine Gesetze gegen die nichtchristlichen Religionen auch im Westen des Reiches durchsetzen. Im Jahre 393 wurden die Wettkämpfe zu Olympia verboten, 395 das Heiligtum in Delphi geschlossen. Horden von Mönchen durchzogen das Land und zerschlugen die Götterbilder. In Alexandria wurde das Serapeion – das Zentrum der Universität, das als das schönste und berühmteste Bauwerk des Ostens galt – samt allen darin enthaltenen Kunstwerken auf Befehl des Kaisers bis auf die Grundmauern zerstört (Demandt S. 133f.). Das Christentum war zur alleinberechtigten Reichsreligion geworden, auch wenn es die Köpfe des kultivierten Bürgertums und auch das flache Land nur allmählich und mit Kompromissen erobern konnte.

Nachweise in: v. Hase, § 82, 90, 92; *Th. Mommsen,* Römische Kaisergeschichte, hrsg. von B. und A. Demandt, 1992, S. 518ff.; *Heussi,* §§ 23f.; *Müller,* §§ 34, 37f., 39, 41; *Feine,* § 8; *H. U. Instinsky,* Die alte Kirche und das Heil des Staates, 1963; *E. Herrmann,* Ecclesia in re publica, 1980; *A. Demandt,* Die Spätantike, 1989; *TRE* Artikel: Konstantin I.

b) Kirchliche Ansprüche

Die Kirche erhob bald den Anspruch auf Freiheit von staatlicher Bevormundung und auf geistlichen Vorrang. Dieses Streben wurde zu Beginn von kraftvollen Bischöfen wie Hosius von Cordoba, Ambrosius von Mailand und Papst Gelasius geprägt. So wies bereits im Jahr 356 Bischof Hosius von Cordoba eine Einmischung des Kaisers Constantius in Glaubensfragen zurück: „Es steht geschrieben: ‚Gebt dem Kaiser, was des Kaisers ist, und Gott, was Gottes ist'. Somit steht es uns nicht zu, weltliche Herrschaft auszuüben, und Euch nicht, den Weihrauch zu spenden, Kaiser. Dies schreibe ich Euch in banger Sorge um Euer Heil" (L, S. 45). – Ambrosius forderte, in Glaubenssachen hätten die Bischöfe auch über den Kaiser zu richten; denn auch er sei ein Sohn der Kirche und stehe nicht über ihr. Als in Thessalonike ein römischer Befehlshaber bei einem Aufruhr getötet wurde und Theodosius daraufhin ein Blutbad anrichten ließ, schloß Ambrosius diesen von der Messe aus, bis er öffentlich Buße getan habe, und der Kaiser hat sich dem gefügt. – Im Jahre 494 fand dann Papst Gelasius I. die klassische Formel der Zwei-Gewalten-Lehre in einem an Kaiser Anastasius I. gerichteten Brief (M/A Nr. 462): „Zwei sind es nämlich, erhabener Kaiser, durch die zuhöchst diese Welt regiert wird: die geheiligte Autorität der Priester und die kaiserliche Gewalt. [...] Wohl überragt Ihr an Würde das Menschengeschlecht; dennoch beugt Ihr fromm den Nacken vor den Amtswaltern der göttlichen Dinge und erwartet von ihnen die Mittel zum Seelenheil. [...] Ihr erkennt [...] also, daß darin Ihr vom Urteil der Priester abhängig seid und sie nicht Eurem Willen unterworfen werden wollen. Wenn also, was die öffentliche Ordnung angeht, auch die Hüter der Religion anerkennen, daß Euch durch höchste Verfügung die Herrschaft übertragen ist und sie deshalb Euren Gesetzen gehorchen [...], wieviel mehr muß man denen gern gehorchen, die zur Spendung der heiligen Mysterien berufen sind, [...] wieviel mehr hat man mit dem Bischof jenes Stuhles übereinzustimmen, der auch nach dem Willen der höchsten Gottheit über allen Bischöfen stehen soll".

Den nachhaltigsten Ausdruck fand die Vorstellung über das Verhältnis von Staat und Kirche in der Zwei-Reiche-Lehre des Augustinus (354–430), wie er sie in seiner Schrift über den Staat Gottes (*De civitate Dei*) entwarf: Gott bestimme in seiner Gnade nach seinem unerforschlichen Ratschluß (Röm. 9, 15 f.) einen Teil der Menschen, die durch die Erbsünde Adams verderbt seien (XIII 14, XIV 15), zum Heil, während die anderen der Verdammnis überlassen blieben. Schon bei Abel und Kain habe diese Scheidung in Auserwählte und Nichtauserwählte begonnen (XV 1). So gebe es „zweierlei menschliche Gemeinschaften, die wir [...] zwei Reiche nennen können. Das eine bilden die Menschen, die nach dem Fleische leben, das andere jene, die nach dem Geiste leben" (XIV 1). In jenem herrsche die Selbstliebe, in diesem die Liebe zu Gott (XIV 28);

in jenem regierten Selbstsucht, Hochmut, Ungerechtigkeit, und Nichtachtung des göttlichen Gebotes, in diesem lebten die Menschen nach Gottes Gebot in Frieden und Gerechtigkeit.

Die irdische, gottferne Gesinnung fand Augustinus in den großen Weltreichen, auch im römischen, verwirklicht. Doch seien die äußeren Organisationen der Menschen, die Kirche einerseits und der Staat andererseits, nicht einfach gleichzusetzen mit der wahren *civitas Dei* hier und der *civitas terrena* dort. Vielmehr sei die sichtbare, äußere Organisation der Kirche eine gemischte Gesellschaft, ein *corpus permixtum*, das Gerechte und Ungerechte umfasse (I 35). In der Tat: Weil keiner dem andern ins Herz sehen kann, ist die Gemeinschaft der wahrhaft Gläubigen eine verborgene Kirche. – Andererseits sei der Staat nicht notwendigerweise ein verweltlichtes Gemeinwesen. Würde das, was die Religion an guten Sitten gebietet, von allen vernommen und befolgt, so wäre dies ein glücklicher Staat (II 19). Staaten freilich, in denen Selbstsucht und Ungerechtigkeit statt Gottesgehorsam und Gerechtigkeit herrschen, seien nicht besser als Räuberbanden: *„Remota iustitia, quidquid sunt regna nisi magna latrocinia"* (IV 4). So entsteht das Ideal des christlichen Gemeinwesens, in dem sich geistliche und weltliche Obrigkeit in dem Streben verbinden, den Gottesstaat auf Erden zu verwirklichen. Augustinus versäumt es auch nicht, in einer Art „Fürstenspiegel" die Tugenden eines christlichen Herrschers zusammenzustellen (V 24). Dazu fügen sich gut die naturrechtlichen Gedanken: „Was sich auf menschliches Unrecht gründet, darf nicht Recht genannt oder für Recht gehalten werden." Und: „Wo die Gerechtigkeit fehlt, besteht auch kein Staat" (XIX 21). – Nicht ganz so widerspruchsfrei passen dazu die Sätze: Die Christen haben auch einer ungerechten Obrigkeit untertan zu sein (II 19); denn auch sie ist von Gott und Teil der von ihm gestifteten, uns oft verborgenen Ordnung (IV 33, V 21).

Die Lehre des Augustinus ist in vielem ein Leitbild für den Staat des Mittelalters geworden: für das Ideal des christlichen Herrschers, für die Idee eines Staates, dessen Stifter und Haupt Christus ist (II 21, XIX 21) und in dem Kirche und Staat eine Einheit bilden, und für die christliche Naturrechtslehre.

Luther, der einstige Augustinermönch, hat viele Gedanken seines Ordensstifters neu belebt: die Lehre von den zwei Reichen [Kap. 12 a], das Ideal christlicher Herrscher, die nun in den lutherischen Ländern die Kirche leiten sollten [Kap. 9 d], und die Auffassung von der Christenpflicht, der von Gott eingesetzten Obrigkeit untertan zu sein.

Nachweise in: Heussi, §§ 32, 33; *Seppelt*, Bd. I Kap. 10.

c) Der byzantinische Weg

Trotz der Ansprüche eines Hosius, Ambrosius und Gelasius konnte nach der Teilung des Reiches im Jahre 395 im Osten ein starkes Kaisertum den römischen Grundsatz festigen, daß die religiöse Ordnung, das *ius sacrum*, ein Teil des vom Kaiser zu bestimmenden Rechts sei. So nahm Kaiser Justinian (527–565) es ganz selbstverständlich in Anspruch, auch Religionsfragen zu regeln. Der neue religiöse Etatismus nahm die Gestalt des „Byzantinismus" an: eines „christianisierten, sakralen Absolutismus", gekennzeichnet durch einen weitgehenden „Zusammenschluß von staatlichem und kirchlichem Bereich; Regierung der Kirche durch die Person des in die Hierarchie einbezogenen, ins Sakrale erhobenen Herrschers", der in seinem Walten als ein Abbild des himmlischen Herrschers erschien. So stand ihm auch die Leitung der großen Synoden zu, und ihre Beschlüsse bedurften der Bestätigung durch den priesterlichen Kaiser, den *sacerdos imperator*. Er besetzte die großen Bischofsstühle. Ihm oblag auch die finanzielle und sonstige Fürsorge für die Kirche. Er gab die Kirchengesetze auch in Glaubens- und Disziplinarfragen (Feine S. 69), regelte die Lebensweise der Kleriker, die Kirchenverwaltung und die kirchliche Gerichtsbarkeit. Das von Justinian geschaffene Kirchenrecht ist für die Ostkirche bis in die jüngste Vergangenheit in Geltung geblieben, nur wenig geändert durch spätere Äußerungen der Staatsgewalt.

Im Laufe der Jahrhunderte löste sich die Ostkirche von der römisch-katholischen. Auf der ökumenischen Synode von

Chalkedon (451) wurde der Bischof von Byzanz dem römischen Bischof, der im Westen bereits den Primat unter den Bischöfen erlangt hatte, gleichgestellt (28. Kanon). In den Jahren 1053 und 1054 wurde der Bruch zwischen der römisch-katholischen und der griechisch-katholischen Kirche offen vollzogen. Im Jahre 1053 ließ Patriarch Michael Kerularios von Konstantinopel die lateinischen Kirchen und Klöster in Konstantinopel, die den Primat des Papstes anerkannten, schließen und beschlagnahmen. Ein Jahr darauf legte der Legat Papst Leos IX. nach vergeblichen Einigungsversuchen die gegen Michael Kerularios gerichtete päpstliche Bannbulle (M/A Nr. 539) auf dem Hochaltar der Hagia Sophia in Konstantinopel nieder, mußte aber, da Michael das Volk auf seiner Seite hatte, die Stadt eilig verlassen.

Vierhundert Jahre später kam es angesichts der Türkengefahr, die Konstantinopel bedrohte, noch einmal zu einem kurzen Zusammenschluß der beiden Kirchen. 1439 kam auf dem Konzil von Florenz [Kap. 8b] eine Union mit der griechisch-katholischen Kirche zustande (M/A Nr. 773), als deren hervorragendste Repräsentanten Kaiser Johannes VIII. Paläologus, ferner der Patriarch von Konstantinopel und die Metropoliten von Nicäa und von Kiew erschienen waren. Aber diese Union war nur von kurzem Bestand. 1441 wurde sie von dem russischen Teil der orthodoxen Kirche widerrufen, 1453 fiel Konstantinopel in die Hand der Türken, und 1472 sagte die Ostkirche sich auf einer Synode in Konstantinopel von Rom wieder los. Nie war sie auf Dauer in einen Antagonismus hineingezogen, wie er sich zwischen der römischen Kirche und dem Staat entwickelte. Soweit sie unter der Türkenherrschaft oder in unserem Jahrhundert vom sowjetischen Staat geduldet wurde, löste sich die enge Verbindung zwischen Kirche und Staat. Aber um so mehr trat in diesen Fällen der Staat der Kirche so übermächtig entgegen, daß es zu keiner Machtprobe zwischen ihr und Staat kommen konnte.

Nachweise in: Friedberg, §§ 8, 10; *Heussi*, §§ 36, 46, 49; *Seppelt*, Bd. I Kap. 8, Bd. II Kap. 3, Bd. III Kap. 1, Bd. IV Kap. 4; *Feine*, § 8 II; *TRE* Artikel: Byzanz.

3. Die Kirche in den Germanenreichen

a) Frühe Volkskirchen

Um die Mitte des vierten Jahrhunderts begann im Ostgotenreich Ermanarichs eine arianische Missionierung, die auch auf das burgundische Volk übergriff. Unter den Westgoten verbreitete Wulfila (Ulfilas, um 311–383), den Eusebius von Nicomedien geweiht hatte, als Missionsbischof das arianische Bekenntnis und übersetzte das Neue Testament und Teile des Alten in die gotische Sprache. Seine missionarische Tätigkeit wirkte auch auf andere germanische Völkerschaften. Gleich den Goten übernahmen auch die Burgunder, die Langobarden und die Vandalen zunächst das Christentum arianischer Konfession, wodurch sie sich außerhalb der römisch-katholischen Glaubensgemeinschaft stellten. Dieser Umstand führte – zusammen mit der überlieferten Verbindung von Herrscheramt und religiösem Amt – zu einer Bildung von Volkskirchen: zu arianischen Sonderkirchen.

Diese hatten während der Wanderungen der germanischen Völker vermutlich den Charakter von Feld- und Heereskirchen. Die christlichen Priester und Bischöfe waren in die Heeresorganisation eingegliedert. Die Bischöfe wurden vom König berufen oder wenigstens bestätigt. Der König berief auch die Synoden und bestätigte deren Beschlüsse.

Die hier zutage tretende Verbindung von Herrscheramt und religiösem Amt, von *regnum und sacerdotium*, in der Person des Stammeshäuptlings oder Volkskönigs findet sich in vielen jungen Kulturen, wie noch die neuere Völkerkunde zu berichten weiß. Diese Ämterverbindung bleibt oft durch lange Epochen der Kulturentwicklung erhalten oder wird neu hergestellt, wie beim Pharao der Ägypter, dem römischen Augustus, der zugleich *pontifex maximus* war, beim byzantinischen Kaiser oder dem japanischen Tenno. So war auch der germanische Volkskönig mit einem Charisma, dem Königsheil, begabt und vereinte *regnum* und *sacerdotium* in seiner Person. Auch diese Verbindung wurde im späteren Lauf der Geschichte in vielfältigen Variationen durchdekliniert und fand letzte Ausläufer im Gottesgnadentum der Monarchen und in der Verbindung von Thron und Altar, die in Deutschland erst nach dem ersten Weltkrieg endete und in England heute noch nachklingt [Kap. 10b].

Nachweise in: v. Hase, § 132; *Heussi*, §§ 30, 31; *Feine*, § 15; *Ebers*, § 20; *Schmidt*, § 19; *TRE* Artikel: Germanenmission.

b) Die Katholisierung der Germanen

Anders als die meisten germanischen Stämme gingen die Franken unmittelbar vom Heidentum zum römisch-katholischen Christentum athanasianischer Konfession über. Gregor von Tours berichtet in seiner *Geschichte der Franken* (II 30f.), der Frankenkönig Chlodwig (481–511) sei zu Weihnachten 496 – nach seinem Sieg über die Alemannen – in Reims von Bischof Remigius getauft worden; hier seien die berühmten Worte gefallen, „bete an, was Du gebrandschatzt hast, brandschatze, was Du angebetet hast." Mit dem König sollen mehr als dreitausend Franken zum katholischen Glauben übergetreten sein. Das war ein wichtiger Schritt, im wachsenden Frankenreich den Zwiespalt zwischen den Germanen und den bereits katholisierten Romanen zu überwinden. Zudem tat Chlodwig wohl einen Blick über die Grenze und nahm in dem noch zu unterwerfenden Westgotenreich den romanischen Bevölkerungsteil für sich ein, der unter den arianischen Westgoten katholisch geblieben war; auch Tolosa war „eine Messe wert". Außerdem hatten die Bischöfe einen Grundstock staatlicher und städtischer Verwaltung bewahrt und brachten dieses wertvolle Instrument in das rasch anwachsende Frankenreich ein. So hatte Chlodwig – wie zwei Jahrhunderte zuvor Constantin – gewichtige politische Gründe, einen Bund mit der Kirche einzugehen. Last but not least soll der Einfluß der katholischen Gemahlin Chlodwigs dessen Übertritt zum Katholizismus mitbestimmt haben.

Obgleich römisch-katholischen Bekenntnisses, behauptete sich auch die fränkische Kirche als Nationalkirche und wahrte ihre Eigenständigkeit gegenüber Rom. Auch bei den Franken galt, wie bei den anderen germanischen Völkern, daß der König Oberhaupt der Volkskirche war, Bistümer errichtete und Synoden berief; auch hier fand das Eigenkirchenwesen weite Verbreitung, wurden die Geistlichen zu Vasallen der Grundherrn und die Bischöfe zu Vasallen des Königs. Was die Ernennung der Bischöfe betraf, so schwankte die Praxis: Das *Edictum Chlotari* (614) erkannte die kanonische Bischofswahl an und behielt dem König ein Bestätigungsrecht vor. Je nach dem Stärkeverhältnis der Partner sank aber faktisch die Wahl zeitweise zu einer bloßen Bitte an den König um Verleihung eines Bistums herab, der die kanonische Weihe zu folgen hatte.

Es galt der Grundsatz *„ecclesia vivit lege Romana"* (wie die *Lex Ribuaria* formulierte); man sah also die Kirche als „Römerin" an, die nach damals geltendem Personalstatut römisches Heimatrecht mit sich herumtrug, so daß der Kleriker nach römischem Recht beurteilt wurde (Friedberg § 42 I, Feine S. 135). Das verhinderte aber nicht, daß die Regelungsgewalt der Reichsversammlungen und des Königs sich kirchlicher Angelegenheiten bemächtigte und der König insbesondere das Recht beanspruchte, Bistümer zu errichten (Friedberg § 12 II).

Eine wichtige Verbindung des Klerus zur Königsgewalt ergab sich daraus, daß die fränkischen Könige vielfach Bischöfe und Äbte mit Regierungsgeschäften betrauten, sie als Berater und Kanzler in den Königsdienst nahmen, als Königsboten aussandten, sie aber demgemäß auch zu Treueid und Hoffahrt verpflichteten. In dem Maße, wie Bischöfe und Äbte mit Königsgut ausgestattet wurden und zu Gehilfen der Königsgewalt wurden, mußte das Interesse des Königs an ihrer Bestellung und seine Einflußnahme hierauf wachsen. Auch hier bestätigte sich die Regel, daß die Kirche, wo immer sie an der Ausübung der Staatsgewalt teilnimmt, auch in Abhängigkeit von der Staatsgewalt gerät.

In den bereits christianisierten anderen germanischen Völkern stimmte die weitere Entwicklung weitgehend mit dem fränkischen Beispiel überein. Sie traten eines nach dem anderen vom arianischen zum römisch-katholischen Glauben über: so die Burgunder seit dem Konzil von Epao (517) und die Westgoten seit der Synode von Toledo (589). In dem südlich von Aquitanien verbliebenen Westgotenreich verschmolzen die Reichskonzilien mit den Reichsversammlungen, die vom König einberufen wurden und über die verschiedensten Reichsangelegenheiten Beschlüsse faßten. Auch hier vollzog sich die Bestellung der Bischöfe in ähnlicher Weise wie bei den Franken; auch hier eine enge Verbindung von Staat und Kirche, vor allem durch eine hohe Beteiligung der Bischöfe an der Leitung der Staatsgeschäfte. – Die Langobarden öffneten sich seit dem Ende des sechsten Jahrhunderts, der Zeit Königin Theudelindes, dem katholischen Glauben; doch hielt sich daneben noch über Jahrzehnte das arianische Bekenntnis. Bei ihnen wurden das Prinzip der Nationalkirche und die Unabhängigkeit vom päpstlichen Zentralismus – die aus der arianischen Zeit stammten – durch den politischen Gegensatz gefestigt, der zu Rom bestand [Kap. 4 c]; die Bestätigung der Bischofswahlen war hier dem König vorbehalten.

Nachweise in: v. Hase, § 133; *Hauck,* Bd. I S. 110 ff.; *Heussi,* §§ 35, 37; *Feine,* § 15; *Ebers,* § 21.

c) Das Eigenkirchenwesen

Neben dem Herkommen, daß der König auch das religiöse Haupt des Volkes sei, und neben der Anpassung der kirchlichen Organisation an die Stammesgliederung beeinflußte noch eine andere germanische Tradition die Ausgestaltung der Kirche: Von alters her standen bei den Germanen die heidnischen Heiligtümer mit ihrem Zubehör und allen Einkünften und insbesondere auch mit dem Recht, den Priester zu bestellen und abzuberufen, in der Verfügung des Grundherrn. In Fortführung dieser Tradition nahm der Grundherr auch das Verfügungsrecht über die auf seinem Grund errichtete Kirche und die Sorge für den Gottesdienst in Anspruch; auf diese Weise entwickelte sich das Eigenkirchenwesen. Die Sorge für den Gottesdienst konnte der Grundherr auch einem von ihm bestellten Priester übertragen. Dieser war nicht selten ein Knecht, später oft auch ein zu diesem Zweck Freigelassener (Feine S. 152).

Die Wurzel dieser Kirchenhoheit ist nicht in einem privatrechtlich verflachten, wirtschaftlich verengten Eigentumsbegriff zu suchen, sondern in der germanischen Haus- und Hofherrschaft des Hofherrn. So hat man vermutet, daß letzte Wurzeln des Eigenkirchenwesens im altgermanischen, ja indogermanischen Hauspriestertum des Hausherrn liegen, der Familien- und Hofangehörige zu gemeinsamem Gottesdienst, Opfer und Mahl versammelt. Und man sieht wohl nicht zu Unrecht letzte, bis in die Gegenwart reichende Ausläufer dieser alten Vorstellungen in der vom Hausvater gehaltenen christlichen Hausandacht im Herrgottswinkel, in den Hofkapellen im hohen Schwarzwald, in den Alpen und in Norwegen (Feine S. 148).

Das Eigenkirchenwesen ist für die staatskirchenrechtliche Entwicklung von erheblicher Bedeutung geworden. Der germanische Grundherr konnte für die Kirche, die er auf seinem Grund und Boden errichtete, den Priester ernennen, für kirchliche Amtshandlungen (bei denen der Geistliche die Stola trug) Stolgebühren erheben, den Nachlaß des Geistlichen einziehen (das Spolienrecht ausüben) und, solange die Pfarrstelle verwaist war, die Pfründe selber nutzen. Angesichts dieser vielseitigen Verwertungsmöglichkeiten hat Ulrich Stutz den Bau einer Eigenkirche den germanischen Grundherrn noch nachträglich als vortreffliche Kapitalanlage empfohlen. So versteht es sich, daß das Eigenkirchenwesen die Kirchen zu Objekten wirtschaftlicher Spekulationen machte und selbst die Stellung der Bischöfe gefährdete. Bei den Westgoten wurde – mit nur mäßigem Erfolg – versucht, das Eigenkirchenrecht zu einer

Art Patronatsrecht herabzustufen. Bei den Langobarden und den Franken verwirklichten sich voll die im Eigenkirchenwesen liegenden Gefahren. So gab es im Frankenreich schon im siebten Jahrhundert eine kirchliche Anarchie, die durch das entartete Eigenkirchenwesen verursacht war. „Achtzig Jahre lang fanden damals in Franken keine Synoden statt, und ebensolange wurden keine Erzbischöfe eingesetzt; jahrzehntelang amtierten entweder gar keine oder nur unkirchliche Bischöfe. [...] So ist die Kirche um diese Zeit kaum eine eigenständige politische Macht, sie ist vielmehr Annex der einzelnen Grundherrschaft, vergleichbar etwa einer Mühlengerechtigkeit oder einer sonstigen Gerechtsame" (Erler S. 22).

Gerade am Eigenkirchenwesen entzündete sich später der Streit um das Recht der Investitur, also das Recht, jemanden mit einem geistlichen Amt zu bekleiden und ihn dieses Amtes zu entsetzen.

Nachweise in: J. Hatschek, Englische Verfassungsgeschichte, 1913, § 12; *Feine,* § 18; *Erler,* Kap. 9; *HRG* Artikel: Eigenkirchenrecht, Kirchengut; *TRE* Artikel: Eigenkirchenwesen.

4. Karolingische und sächsisch-salische Kirchenherrschaft

a) Die karolingische Reichskirche

In der Karolingerzeit wuchs das Frankenreich zu einem abendländischen Universalreich. Zugleich wurden die Nationalkirchen stärker an Rom gebunden, die kirchliche Hierarchie wurde organisiert. So entstand mit dem Karolingerreich auch eine Reichskirche.

Das Fundament für die Konsolidierung und Ausbreitung des Frankenreiches hat nach Pippin II. vor allem Karl Martell (714–741) als *maior domus* des Merowingerreiches gelegt. Mit dem von ihm organisierten Reiterheer konnte er im Jahre 732 die Araber zwischen Tours und Poitiers schlagen und so die christliche Kultur vor der vordringenden muslimischen bewahren.

Um diese Zeit begann Bonifatius aus Wessex (um 673–754) mit der Missionierung Thüringens und Hessens. Später (738) wurde er als päpstlicher Legat für Germanien damit betraut, die Kirche in diesem Gebiet zu reorganisieren und die Hierarchie unter dem Papst zu errichten. Bayern war zu Beginn des achten Jahrhunderts durch Rupertus von Worms (Salzburg), Emmeran (Regensburg) und Corbinian (Freising) missioniert worden, die sich nicht dem päpstlichen Stuhl unterstellt hatten. Bonifatius ordnete mit Billigung und Hilfe Herzog Odilos die bayerische Kirche neu, weihte für die Bistümer Regensburg, Salzburg und Freising neue Bischöfe, richtete das Bistum Augsburg wieder ein, errichtete zusätzlich die Bistümer Passau und Eichstätt, erhob Salzburg zur erzbischöflichen Metropole und schuf auf diese Weise eine in die römische Hierarchie ein gebundene Kirchenorganisation. Dann folgte die Neuorganisation der Kirche in Hessen und Thüringen. Das Bistum

Würzburg wurde wiederhergestellt und das Kloster Fulda 744 gegründet.

Karl Martells politischer Sinn hatte sich gegen die päpstlichen Zentralisierungsbestrebungen gewehrt. Vor seinem Tod teilte er im Jahr 741 die Regierung des Reiches unter seine Söhne Pippin III., der den Westteil des Reiches (Neustrien) und Karlmann, der das Ostreich (Austrien) zugewiesen erhielt. Nun konnte Bonifatius beginnen, die Kirche im gesamten ostfränkischen Reichsteil durchzuorganisieren, mit dem Ziel, den niederen Klerus den Bischöfen, die Bischöfe den Metropoliten und diese der Leitung des Papstes zu unterstellen, eine Aufgabe, deren sich später Karl der Große weiter annahm. Auch den Wanderbischöfen und Wanderpredigern wurde auferlegt, sich einem nach kanonischem Recht bestellten Bischof unterzuordnen. Bonifatius konnte Karlmann dazu bewegen, im Jahr 742 die ostfränkischen Bischöfe zu einer ersten germanischen Nationalsynode einzuberufen. Einen sichtbaren, gleichsam symbolischen Abschluß fand die Neuorganisation der Kirche im Jahre 747 in einer Reichssynode der fränkischen Bischöfe, die dem Papst eine feierliche Ergebenheitsadresse übersandten (M/A Nr. 503). Bonifatius selbst übernahm nach Beendigung der Reformen das Bistum Mainz. Im Jahr 748 unterstellte der Papst ihm als Metropoliten alle ostfränkischen und bayerischen Bistümer.

Im Zusammenhang mit der kirchlichen Neuorganisation wurde der Klerus zur Disziplin gebracht. Hierbei, wie bei den organisatorischen Maßnahmen, blieb Bonifatius auf die Kirchengewalt Karlmanns und der Stammesherzöge angewiesen. So hieß es in einem Erlaß Karlmanns (L, S. 82): „Nach dem Rat der Priester und meiner Großen setzten Wir in den einzelnen Städten Bischöfe ein und bestellten über sie als Erzbischof den Bonifatius, den Gesandten des hl. Petrus. Wir wollen, daß Jahr für Jahr eine Synode zusammentrete, um in Unserem Beisein die Satzungen und Rechte der Kirche zu erneuern und die kirchliche Ordnung zu verbessern. Entzogenes Kirchengut gaben Wir den Kirchen zurück. Falschen Priestern, ehebrecherischen und unzüchtigen Diakonen entzogen Wir ihre kirchlichen Pfründe, setzten sie ab und hielten sie zur Buße an. [...] Wir verordneten auch gemäß den heiligen Satzungen, daß jeder Priester innerhalb der Diözese dem Bischof, in dessen Sprengel er sich aufhält, untertan sein und in der Fastenzeit über seine Amtsführung, über die Taufen, die Lehre des katholischen Glaubens, die Gebets- und Meßordnung dem Bischof immer Rechenschaft ablegen und vorweisen soll."

Ein engeres Zusammenwirken mit dem Papst bahnte sich unter Pippin (741–768) an. Er war Hausmeier des ganzen Frankenreichs, seit Karlmann sich (747) ins Kloster zurückgezogen hatte. Im Jahr 751 erklärten die Franken auf der Reichsversammlung zu Soissons den schwachen Merowingerkönig für abgesetzt und erhoben Pippin, der schon bisher tatsächlich geherrscht hatte, auf den Thron. Zu diesem Thronwechsel hatte man zuvor die Autorität des Papstes Zacharias in Anspruch genommen. Zu ihm, so berichtet die Legende (*Annales Laurissenses mai.* zu 749), habe man Bischof Burghard von Würzburg und Abt Folrad von St. Denis gesandt, um ihn wegen der fränkischen Könige zu befragen, die ohne königliche Macht waren: ob das denn ein guter Zustand sei. Und Zacharias habe geantwortet: Es sei besser, den König zu nennen, der über die Macht verfügt, als jenen, der ohne königliche Gewalt ist, „damit die Ordnung nicht verwirrt werde". In diesem *„ut non conturbaretur ordo"* möchte man wohl den heute noch lebendigen Gedanke finden, daß zur Legitimität staatlicher Gewalt auch die Durchsetzungsmacht gehört. Pippin wurde, vermutlich von Bonifatius unter Beistand der fränkischen Bischöfe, zum König gesalbt. So wurde das ihm fehlende Charisma des königlichen Geblüts durch ein christliches Charisma ersetzt. Seither ging die kirchliche Salbung des Königs in den abendländischen Krönungsritus über. Im Jahr 754 kam Papst Stephan II. in das Frankenreich, um Hilfe gegen die Langobarden zu erbitten [c]. Er unterstellte Rom dem Schutz Pippins und „übertrug" – mit welcher Legitimation auch immer – dem von ihm erwählten Schutzherrn die Würde eines *patricius Romanorum*, ein Amt, das bisher dem byzantinischen Exarchen (Statthalter) in Ravenna oblag. Pippin ließ sich nun in St. Denis noch einmal von Stephan zum König salben, dadurch bereits vorwegnehmend, daß das Karolingerreich und seine Könige als Herrscher eines abendländischen Universalreichs ihren kirchlichen Partner nicht in einem Bischof, auch nicht in einem Metropoliten, sondern im Papst selber suchen werde.

Noch mehr verschmolzen unter Karl dem Großen (768–814) Kirche und Staat, *regnum* und *sacerdotium*, nun in einem Reich von abendländischer Weite. Der Vorrang lag, wie früher in den germanischen Volkskirchen, so jetzt in der Reichskirche, beim König. Mit der Kaiserwürde verband sich die *Advocatie*, die Schutzherrschaft über den Heiligen Stuhl und die christliche Kirche. Sie hatte ihr Vorbild im oströmischen Patriziat über die Kirche (vgl. Friedberg § 59 III), das vom Exarchen zu Ravenna ausgeübt wurde, bis dieses an die Langobarden fiel (751) und Papst Stephan II. sich dem Schutz Pippins unterstellte. Die überkommene imperiale Schutzherrschaft über die Kirche – die sich im Laufe der Jahrhunderte dann zu einer bloßen Schutzpflicht minderte – wuchs Karl aber auch ohnedies mit der Kaiserkrone zu.

Karl leitete die Kirche als deren oberster Gesetzgeber und Administrator. Er führte den Vorsitz in den Reichssynoden und nahm Einfluß auf deren Entscheidungen; diese wurden durch die königliche Sanktion als *Capitularien* verbindlich oder als *ammonitiones generales* immerhin mit königlicher Autorität ausgestattet. Eine Sammlung fränkischer und insbesondere karolingischer Capitularien, die hohes Ansehen gewann, geht auf Abt Ansegis von Fontanella zurück (827); zwei von den vier Büchern dieser Sammlung enthielten Kirchencapitularien.

Karl setzte das von Bonifatius begonnene Werk des Aufbaus einer kirchlichen Organisation fort, errichtete neue Bistümer, insbesondere bei den von ihm unterworfenen Sachsen, führte die Metropolitanverfassung weiter durch (Feine S. 202 f.) und baute in der unteren Instanz das Netz der Pfarreien aus. Der Hebung der Kirchenzucht und der Disziplin des Klerus diente die Pflicht der Bischöfe zur regelmäßigen Visitation ihrer Diözesen, die sich nun auch im fränkischen Reich durchsetzten.

Nicht zuletzt übertrug Karl der Kirche eine Fülle öffentlicher Aufgaben, welche die Kirche später als eifrig gehütetes Besitztum verteidigte. So legte er einen Grundstock für das deutsche Schulwesen und sorgte dafür, daß an den Bischofs-, Pfarr- und Klosterkirchen Schulen errichtet wurden. Bischöfe und Äbte dienten ihm auch als Berater in weltlichen Angelegenheiten, sie waren in der königlichen Kanzlei tätig und wirkten zusammen mit den Grafen als königliche Sendboten (*missi dominici*), die mit weiten Vollmachten ausgestattet waren. In der königlichen Hofkapelle hatte Karl einen eigenen Ausbildungsstab; hier war der Pfalzklerus unter einem Erzkaplan zusammengefaßt, um ausgewählte Amtswalter für hohe Reichsämter auszubilden und zur Verfügung zu halten.

Das Herzstück jeder Verwaltung, die Personalpolitik, behielt Karl in der Hand. Aus der ihm von Gott verliehenen Gewalt über die Kirche leitete er das Recht zur Bestellung der Bischöfe ab, der die kanonische Bischofsweihe zu folgen hatte. Als er später (803) die freie Bischofswahl zugestand, behielt er sich doch das Bestätigungsrecht vor. Er verfügte (802), daß für jedes Bistum und jede Abtei ein Vogt zu bestellen sei, der sie nach außen zu vertreten hatte und für ihren Schutz verantwortlich war (Schirmvogtei); auch hatte der Vogt die den kirchlichen Institutionen zustehende Gerichtsbarkeit auszuüben (Gerichtsvogtei).

Der König kümmerte sich selbst um die Gottesdienstordnung und sorgte dafür, daß die Liturgie vereinheitlicht wurde. 809 ließ er auf einer Synode zu Aachen beschließen, daß der Heilige Geist nicht nur vom Vater, sondern auch vom Sohn (*filioque*) ausgehe. Auf solche Weise trat Karl in der Leitung der Synoden, in der Gesetzgebung für die Kirche, in der Ordnung des Gottesdienstes, in der Einflußnahme auf die Besetzung der hohen Kirchenämter und in der Kontrolle über sie als das Haupt der abendländischen Kirche auf, als – wie der gelehrte Alcuin sagte – *rector ecclesiae* und *episcopus episcoporum* (Feine S. 214). Die mit ihm befreundeten Päpste waren ihm dabei die ersten Ratgeber und Metropoliten des Reiches, deren Glaubensautorität er Raum ließ. Jahre zuvor (796) hatte Karl die Aufgabenteilung zwischen sich und dem Papst in einem an Leo III. gerichteten Brief mit den Worten beschrieben: Seine, des Königs, Aufgabe sei es, die christliche Kirche nach außen, gegen die Heiden, mit Waffen zu schützen, aber sie auch im Innern durch Wahrung des katholischen Glaubens zu festigen. Aufgabe des Papstes sei es, wie Moses mit zu Gott erhobenen Händen um Beistand zu flehen (M/A Nr. 510).

Nachweise in: Heussi, §§ 41–43; *Hauck,* Bd. I S. 448 ff., Bd. II; *Seppelt,* Bd. II Kap. 4, 6; *Feine,* §§ 22, 23; *Ebers,* §§ 23–26; *HRG* Artikel: Bonifatius, Karl der Große; *TRE* Artikel: Bonifatius, Karl der Große.

b) Die karolingische Kaiserwürde

Im Jahr 800 war in Rom eine Versammlung von Franken, Langobarden und Römern zusammengetreten, um über die Anschuldigungen zu beraten, die gegen Papst Leo III. erhoben wurden. Daneben kam auch die Frage einer Erhebung Karls zum weströmischen Kaiser zur Sprache, ohne daß deren Bedingungen und Modalitäten aber schon im einzelnen geklärt gewesen wären. Deshalb mochte es wohl eine Überraschungstat sein, als Leo III. am zweiten Weihnachtstag Karl die Kaiserkrone aufs Haupt setzte. Dies, so wird berichtet, war von einem Zuruf des römischen Volkes begleitet: „Dem erhabenen Karl, dem von Gott gekrönten, großen und friedenbringenden Imperator der Römer, Leben und Sieg" (M/A Nr. 513). Darin mochte man eine Wiederaufnahme der römischen Tradition sehen, nach welcher das römische Volk dem Princeps die Herrschaftsgewalt übertrug (Digesten 1,4,1 pr.). Der Akklamation und den Anschauungen der Zeit entsprechend nannte Karl sich *„a Deo coronatus";* in diesem „Von-Gott-gekrönt-Sein" fand das Gottesgnadentum einen frühen Ausdruck. Noch erschien der Papst als bloßes Werkzeug der Krönung, nicht als Spender der Krone.

Mit der Kaiserkrönung wurde nicht nur die Wiedererrichtung einer Weltherrschaft, des *imperium mundi* für den Westteil des einstigen römischen Reiches, zum Ausdruck gebracht.

Die Idee eines Weltreiches hatte sich nun mit dem Augustinischen Gedanken verbunden, das Reich Gottes auf Erden zu verwirklichen: die *una res publica christianorum*, die unter der Königsherrschaft Christi stand [Kap. 2 b]. Aus dieser christlichen Universalreichsidee konnte später der Anspruch des Papstes entstehen, daß er und nicht der Kaiser der oberste Stellvertreter für die Ausübung dieser Königsherrschaft Christi sei, daß er nicht nur das geistliche, sondern auch das weltliche Schwert von Christus empfangen habe und dieses weiterverleihe. Noch erschien freilich der Kaiser als der von Gott Gekrönte, dem weltliche und geistliche Gewalt von Gott übertragen waren.

Schon unter Ludwig dem Frommen (814–840), dem schwächeren Nachfolger Karls des Großen, und unter den folgenden Karolingern blitzte aber die andere Alternative auf: die der päpstlichen Überordnung über die weltlichen Herrscher. Karl bestimmte im Jahr 813 mit Zustimmung nur des versammelten fränkischen Adels Ludwig zum Mitregenten und Erben des Kaisertitels und bewog ihn, sich aus diesem Anlaß – ohne Mitwirkung des Papstes – selber zu krönen. Ludwig ließ sich jedoch zwei Jahre nach seiner Thronbesteigung zu Reims noch einmal von Papst Stephan IV. krönen und salben (816). Nach diesem Beispiel vollzog sich dann auch die Erhebung von Ludwigs Sohn Lothar zum Mitkaiser (817) und dessen zweite Krönung (823), während Lothars Sohn Ludwig II. nur noch durch den Papst gekrönt wurde. Vor allem der Niedergang des karolingischen Hauses trug dazu bei, die Legitimation der Kaiserwürde beim Papst zu suchen. So erschien nun die päpstliche Krönung und Salbung als der Akt, der die Kaiserwürde verlieh.

Es schien an der Zeit zu sein, die Frage nach der *translatio imperii* zu vertiefen, also die Frage, auf welchem Wege und mit welcher Legitimation das weströmische Kaisertum auf die Karolinger übergegangen sei. Das wurde zwar erst später zum großen Thema. Der Grund wurde aber schon in der Karolingerzeit gelegt. Damals entstand die Urkunde über die sogenannte Constantinische Schenkung (M/A Nr. 504), die wohl bekannteste und einflußreichste Fälschung der Geschichte, die dazu bestimmt war, die weltliche und die innerkirchliche Stellung des Papstes zu erhöhen. Nach dieser Urkunde soll Kaiser Constantin bei seiner späten Taufe den Papst Silvester in seiner Würde als *summus pontifex*, als den höchsten Priester des Reiches, anerkannt und ihm die Herrschaft über Rom, Italien und die westlichen Provinzen übertragen haben: So hätte man also den ganzen Westteil des alten Imperiums aus der Hand des großen Constantin empfangen, statt einen kleinen Teil Italiens – die Pippinsche Schenkung – aus der Hand des Emporkömmlings Pippin [c]. Zugleich gewann man in einem Rangstreit mit den neuen Kaisern eine gute Ausgangsposition: Der Papst mochte nun einen Herrschaftsanspruch über das weströmische Reich von Constantin herleiten; er war es dann, der die weltliche Gewalt auf die neuen Kaiser weiter übertrug. Nicht zuletzt erhielt man Argumente für den damals noch nicht gesicherten innerkirchlichen Vorrang des Papstes vor allen Metropoliten. – Dieses Dokument wurde im neunten Jahrhundert in die Pseudoisidorischen Decretalen aufgenommen, eine zum Teil schon in frühere Zeit zurückreichende, mit Fälschungen und Verfälschungen stark durchsetzte Sammlung kirchenrechtlicher Texte. Auch diese sollten dazu beitragen, die noch nicht gesicherte päpstliche Zentralgewalt zu stärken, und auch sonst auf die Gestaltung der Kirchenverfassung Einfluß nehmen. Als dann im Jahre 1440 der Humanist Lorenzo Valla den Beweis erbrachte, daß das Dokument über die Constantinische Schenkung eine Fälschung war, und der reformierte Theologe Blondel 1628 die Unechtheit der Pseudoisidorischen Decretalen nachwies, hatten diese ihre geschichtliche Wirkung bereits getan.

Nachweise in: Hauck, Bd. II S. 542 ff.; *H. Mitteis, H. Lieberich*, Deutsche Rechtsgeschichte, 19. Aufl. 1992, Kap. 20 I, III; *Feine*, § 17 II; *HRG* Artikel: Konstantinische Schenkung, Pseudoisidorische Fälschungen; *RGG Artikel:* Pseudoisidorische Dekretalen.

c) Die Entstehung des Kirchenstaates

Seit der Zeit Constantins war die Kirche in Italien mit reichem Grundbesitz ausgestattet worden. Aus dem Versagen der Staatsgewalt erwuchsen den Päpsten über diese Gebiete auch öffentlich-rechtliche Befugnisse, die unter byzantinischer Oberhoheit ausgeübt wurden. In Auseinandersetzung mit den Langobarden schmolzen diese Gebiete bis auf den byzantinischen Verwaltungsbezirk um Rom – den römischen Dukat – zusammen, den der Papst in weitgehender Unabhängigkeit von Byzanz regierte. Als die Unterwerfung des Dukats durch die Langobarden drohte, bat der Papst den Franken Pippin um Hilfe [a]. Dieser versprach in einer verlorengegangenen Urkunde (754) dem Papst Schutz für den römischen Dukat und die in langobardischen Besitz gekommenen päpstlichen Gebiete. Von dem, was dann in zwei Feldzügen gegen den Langobardenkönig Aistulf (754 und 756) wiedergewonnen wurde, erhielt der Papst das vormalige byzantinische Exarchat von Ravenna, die Pentapolis (Rimini, Pesaro, Fano, Senigallia und Ancona) und die Emilia (Pippinsche Schenkung; vgl. M/A Nr. 508). Karl der Große bestätigte diese Schenkung nach der Eroberung des Langobardenreiches (774) und erweiterte sie (vgl. M/A Nr. 509). Damit war der Papst für diese Gebiete als weltlicher Herrscher anerkannt und unter die Schutzherrschaft – und Oberhoheit – des fränkischen Reichs gestellt.

Eine Festigung und nähere Ausgestaltung des Kirchenstaates geschah 962 durch das Pactum Ottonianum (W I Nr. 12), das Papst Johannes XII. mit Otto dem Großen schloß. Dieser bestätigte Umfang und Rechte des Kirchenstaates, wie sie sich insbesondere aus den Schenkungen der Karolinger ergaben, freilich „unbeschadet Unserer (des Königs) Oberherrschaft über die Herzogtümer und deren Unterstellung unter Uns und Unseren Sohn". Die päpstlichen Bemühungen, diese Oberhoheit abzuschütteln, wurden – zunächst erfolglos – durch die Legende von der Constantinischen Schenkung [b] gestützt, kamen aber erst nach dem Tod Heinrichs VI. mit der Verschiebung des Machtgewichtes zwischen dem deutschen König und dem Papst zum Ziel. Nach dem dann bald einsetzenden Verfall der päpstlichen Macht geriet die Kurie aber in andere Machtkonkurrenzen, zumal mit römischen Adelsgeschlechtern. Erst Papst Julius II. gelang es dann, die päpstliche Landeshoheit über den Kirchenstaat zu konsolidieren.

Nachweise in: Seppelt, Bd. II Kap. 4, 6; *HRG* Artikel: Kirchenstaat, Konstantinische Schenkung, Pippinsche Schenkung; *TRE* Artikel: Kirchenstaat.

d) Die sächsisch-salische Kirchenherrschaft

Im Niedergang des Karolingerreiches war unter dem kraftvollen Papst Nikolaus I. (858–867) der Gedanke wieder lebendig geworden, daß weltliche und geistliche Gewalt zu scheiden seien und daß der geistlichen Gewalt der Vorrang gebühre. Selbstsicher – und erfolglos – schrieb Nikolaus an den oströmischen Kaiser Michael III.: „Die Rechte des Papsttums waren früher als Euere Herrschaft, sie blieben bisher unerschüttert und sie werden auch bleiben, wenn Ihr nicht mehr seid. [...] Wie könnte es jemandem zustehen, über den höchsten Richter zu urteilen? Der rechte Kaiser ist erfüllt von Liebe zur römischen Kirche und voll Eifer für sie; er ehrt sie durch Privilegien, bereichert sie durch Geschenke, stimmt ihren Wünschen zu und führt ihre Anordnungen aus, er bittet um ihr Gebet und gebietet, daß man ihrem Glauben folge; durch seine Gesetze fördert er den Anschluß der Gemeinden an sie; aber er befiehlt nicht, daß Synoden versammelt und Entscheidungen getroffen werden, sondern bittet darum; er billigt, was sie beschließen, und verwirft, was sie verdammen" (L, S. 96).

Noch stand aber die Kirche nicht auf eigenen Füßen. Und als unter den späten Karolingern die Reichsgewalt verfiel, teilte die Kirche dieses Schicksal. Nach der Absetzung Karls des Dicken (876–887), als Reichsitalien unter rasch aufeinanderfolgenden italienischen Nationalkönigen den Angriffen der Sarazenen, Ungarn und dalmatinischen Slawen preisgegeben war, geriet das Papsttum unter den Einfluß der zerstrittenen stadt-römischen Adelsparteiungen. Um es aus dieser Abhängigkeit zu lösen, nahm später Otto der Große maßgebenden Einfluß auf die Papstwahlen und sicherte sich durch das *Pactum Otto-nianum* [c] auch ein förmliches Recht auf diesen Einfluß. – Nach der Neubegründung der Reichsgewalt unter den Sachsen und Saliern wuchs allmählich auch die Einheit der Kirche wie-der, die in selbständige Volkskirchen und Eigenbistümer des Adels auseinanderzufallen drohte.

Mit der Krönung Ottos des Großen (936–973) durch Papst Johannes XII. (962) entstand symbolisch wieder das Heilige Römische Reich, jetzt freilich nurmehr als ein Reich, dessen Kern die deutsche Nation bildete. – Otto nahm die unter Karl dem Großen bewährte Gepflogenheit auf, hohe Reichsämter Bischöfen und Reichsäbten zu übertragen. In diesen suchte er – weiter gehend als Karl – ein Gegengewicht zu den Herzö-gen und Grafen, die auf die Erblichkeit ihrer Ämter und Lehen und damit auf eine Zersplitterung der Reichsgewalt hin wirk-ten, während die geistlichen Herren des Zölibates wegen sol-cher Bestrebungen unverdächtig waren. So wurde nicht nur königliche Gerichtsbarkeit an den Vogt des Bischofs verliehen [a], sondern Bischöfe und Reichsäbte wurden auch mit anderen Regalien ausgestattet und mit Gebieten belehnt, wofür sie dem König den Lehnseid zu leisten hatten. – Wie unter Karl dem Großen gab es Institutionen, die zur Auswahl und Ausbildung für hohe Ämter dienten. Die künftigen Bischöfe und Reichsäb-te wurden in der königlichen Hofkapelle auf den Reichsdienst vorbereitet und nach ihrer Fähigkeit und Bewährung vom König zu Bischöfen oder Äbten bestimmt.

Unter den späteren sächsischen und salischen Königen fe-stigte sich die organisatorische und personelle Verflechtung zwischen Kirche und Reich. Den geistlichen Reichsfürsten wuchs – vermutlich seit Heinrich II. (1002–1024) – die Befug-nis zu, an der Königswahl teilzunehmen, ein Recht, das Jahr-hunderte später die Erzbischöfe von Köln, Mainz und Trier im privilegierten Kollegium der sieben Kurfürsten ausübten. Für den engeren Bereich des römischen Reiches deutscher Nation (ein Namen, der sich erst im fünfzehnten Jahrhundert einbürgerte) mochte der machtvolle Heinrich III. (1039–1056) noch einmal als das weltliche und geistliche Haupt erscheinen, das in seiner Königsherrschaft Christus vertrat: *rex et sacerdos vicarius Christi*.

In dieser Epoche gewann die Investitur der Bischöfe und Äbte jene Gestalt, an die sich bald die wohl schwerste staatskirchenrechtliche Auseinandersetzung des Mittelalters knüpfen sollte. Die Ausübung der Kirchengewalt über die Bistümer und Abteien des Reiches, die der König ursprünglich als christliches Oberhaupt für sich beanspruchte, kleidete sich in das profane Gewand des Lehnsrechts. Seit dem Ende des neunten Jahrhunderts vergab der König Bistümer, indem er die Domkirche und die zu ihr gehörenden Güter – durch das Symbol des Bischofsstabes – zu Lehen gab („Stablehen"). Seit dem elften Jahrhundert wurde es üblich, daß der König daneben die Übertragung des Bischofsamtes durch Übergabe des Bischofsrings symbolisierte („Ringlehen"). In ähnlicher Weise wurden die Reichsabteien vergeben. Diese Bekleidung mit weltlichem Lehen und geistlichem Amt, der die kanonische Weihe zu folgen hatte, bezeichnete man seit dem Ende des zehnten Jahrhunderts als Investitur [Kap. 5].

Das Papsttum geriet nach dem Tod Ottos des Großen erneut in die Hände zerstrittener römischer Adelsparteien, denen erst Otto II. (973–983) und dann Otto III. (983–1002) entgegentrat. Dieser bestimmte Gregor V. (996) und Silvester II. (999) nacheinander für den päpstlichen Stuhl, zwei Männer, die ebenso wie der Kaiser von Reformideen erfüllt waren. Gregor V., der erste deutsche Papst, war ein Nachkomme Ottos des Großen, der gelehrte Silvester II. Berater und Freund Ottos III. Die enge persönliche Verbundenheit der Häupter der christlichen Welt, die an die Zeit Karls des Großen erinnerte, ließ den Gedanken einer Erneuerung des karolingischen Imperiums aufkommen. Damals wurde unter dem Ungarnfürsten Stephan I. die ungarische Kirche neu organisiert und in die römische Hierarchie eingegliedert; im Jahre 1001 wurde Stephan mit der vom Papst übersandten Krone zum König gekrönt. Ottos III.

hochfliegende Gedanken einer monarchisch regierten abendländischen Theokratie starben mit dessen frühem Tod. In Rom bemächtigte sich der römische Adel wieder der Gewalt über die Stadt und den Papst. Eine Wende trat erst mit Suidger von Bamberg (Clemens II.) ein, der von Heinrich III. zum Papst designiert und vom Klerus und Volk Roms gewählt wurde (1046), aber bald das Opfer eines Giftmordes wurde, der vermutlich von seinem abgesetzten Vorgänger ausging.

Nachweise in: Hauck, Bd. II S. 549ff., Bd. III S. 27ff., 52ff., 221ff., 255ff., 397ff.; *Heussi,* §§ 44, 47, 48; *Seppelt,* Bd. II Kap. 8, 10–12; *Feine,* §§ 20, 23 IV; *Ebers,* § 27; *H. Mitteis, H. Lieberich,* Deutsche Rechtsgeschichte, 19. Aufl. 1992, Kap. 21 II.

5. Der Kampf um die Kirchenfreiheit

Die Vergabe geistlicher Ämter war auf vielen Ebenen in die Hand von Laien geraten. Dazu hatte manches beigetragen: die Vorstellung, daß der König als das Haupt der Kirche im Reich die Bischöfe und Reichsäbte zu berufen habe [Kap. 4a], die lehnsrechtliche Ausgestaltung der Ämtervergabe [Kap. 4d] und die Tradition des Eigenkirchenwesens, nach welcher der Grundherr den Priester bestellte [Kap. 3c]. Die „Laieninvestitur" wiederum hatte zur Folge, daß die Ämtervergabe kommerzialisiert wurde und einträgliche geistliche Ämter gegen Entgelt vergeben wurden. Diese „Simonie" hatte ihren Namen von dem Wundertäter Simon, der den Aposteln für Geld die Fähigkeit abkaufen wollte, den Heiligen Geist zu spenden (Apostelgeschichte 8, 18ff.). Die heute kirchenrechtlich verbotene Simonie war also zur Zeit der Laieninvestitur an der Tagesordnung. Könige und andere Lehnsherren vergaben Bistümer, Abteien und nachgeordnete Pfründen oft gegen hohes Entgelt. In Deutschland zog Konrad II. (1024–1039) Einkünfte aus der Besetzung von Bischofs- und Abtsstühlen. In Frankreich verkauften Herzöge und Grafen Bistümer und Abteien dem Meistbietenden, „der nun seinerseits wieder die Kaufsumme aus seinen Geistlichen bei der Erteilung der Weihen oder Übertragung eines Amtes einzutreiben suchte, die sich die Spendung der Sakramente dann von den Gläubigen bezahlen ließen" (Ebers S. 100). Dies alles führte dazu, daß der höhere Klerus verweltlichte und die niedere Geistlichkeit verwilderte.

Angesichts dieser Mißbräuche mußte der Ruf nach Reformen entstehen. Deren Keimzelle waren Klöster wie das lothringische Gorze und die Camaldulenserklöster in Tuscien. Am einflußreichsten wurde das bereits 910 gegründete burgundische Kloster Cluny, das, von laizistischen Einflüssen frei, das

Privileg der freien Abtswahl genoß und unmittelbar dem Papst unterstellt war. Ziel der Klosterreformen war zunächst die Wiederherstellung strenger Klosterdisziplin und die Verinnerlichung des klösterlichen Lebens. Weil man einen Hauptgrund für den Verfall des klösterlichen Lebens in der zum Teil simonistischen Bestellung der Klosteroberen sah, mußte eine der wichtigsten Forderungen sein, die Klöster von Laienbesetzung und Laieneinfluß zu befreien. Da den Reformbestrebungen echte Mißstände zugrunde lagen, fielen sie auf fruchtbaren Boden. Die cluniazensische Klosterreform breitete sich vor allem in Frankreich und Burgund rasch aus; in der Mitte des zwölften Jahrhunderts umfaßte der cluniazensische Klosterverband etwa zweitausend Klöster. Auch in Italien, Spanien und England gewann die cluniazensische Bewegung Einfluß. In Deutschland wurden nach dem Vorbild Clunys das Kloster Hirsau (ab 1069) und die ihm angeschlossene Kongregation verfaßt. Auch diese Reformklöster hatten das Privileg freier Abtswahl; auch hier mußten die Hoheitsrechte aber dem Klostervogt durch königliche Bannleihe zugeteilt werden. Mit der Macht und dem Reichtum zog die Weltlichkeit auch in die Reformorden ein. So wurden später neue Reformorden gegründet: die der Karthäuser (1084), der Zisterzienser (1098/1118) – die unter dem glutvollen Berhard von Clairvaux (1091–1153) bedeutenden Einfluß auch auf die Politik, zumal auf die Kreuzzugsbewegung gewannen –, die Bettelorden, unter ihnen der Orden der Franziskaner (1210), sodann die strengen Klerikerorden der Prämonstratenser (1120) und der Dominikaner (1216), die sich als „Spürhunde des Herrn" („*domini canes*") auch der Ketzerverfolgung widmeten.

Die Forderung, die Kirche von Simonie und Laienherrschaft zu befreien, wurde bald auch für die übrige Kirche vehement erhoben. Auch für den Weltklerus war die kanonische Ordnung wieder herzustellen. Das Papsttum, das selber zuvor durch Otto den Großen und später noch einmal durch Heinrich III. vom Einfluß und aus den Streitigkeiten der römischen Adelsparteien befreit worden war, wurde nun selbst zum Träger dieser zweiten Etappe der Kirchenreform. Kardinal Humbert verfaßte eine Programmschrift wider die Simonisten (*Libri tres adversus simonaicos*, 1058). Heinrich III. vermied, selber von den Reformideen durchdrungen, simonistische Investituren.

Nach seinem Tode (1056) nahm die päpstliche Reformbewegung eine neue Stoßrichtung an. Aus der Forderung, die Kirche aus ihrer Verweltlichung zu befreien, erwuchs nun der päpstliche Anspruch, nicht nur das geistliche, sondern auch das politische Haupt eines christlichen Universalreiches zu sein. Das Abendland sollte nicht vom Stuhl Karls des Großen, sondern vom Stuhl Petri aus geleitet werden. Die Saat, die im Pseudoisidor, insbesondere in der gefälschten Urkunde über die Constantinische Schenkung, gesät worden war [Kap. 4 b], begann aufzugehen.

Der erste Schritt galt der Reform der Papstwahl, der zweite einer Reform der Bischofsinvestitur. Den entscheidenden Schritt, das Papsttum von den in der Vergangenheit so lästig gewordenen römischen Einflüssen, aber auch vom Einfluß des abendländischen Kaisertums zu lösen, tat Papst Nikolaus II. Nach bisherigem Recht war der Papst vom Volk und vom Klerus von Rom zu wählen, und nach dem *Pactum Ottonianum* (W I Nr. 12) hatte er in Gegenwart eines königlichen Gesandten öffentlich ein Loyalitätsversprechen abzugeben. Davon abweichend ließ sich Nikolaus in Siena durch die Kardinäle wählen (1059). Durch das Papstwahldekret von 1059 (M/A Nr. 540) legalisierte er diese Wahl nachträglich und bestimmte, daß auch künftig die Papstwahl durch die Kardinäle, vorzunehmen sei. Dem übrigen Klerus und dem Volk wurde nur mehr eine rechtlich bedeutungslose Akklamation vorbehalten. Die herkömmlichen Mitwirkungsrechte des deutschen Kaisers oder Königs sollten nur aus päpstlicher Gunst gewährt sein. So hieß es im Papstwahldekret (§ 6), die Papstwahl solle geschehen „unbeschadet der schuldigen Achtung und Ehrerbietung gegen unseren geliebten Sohn Heinrich, den wir gegenwärtig als König haben und der mit Gottes Zulassung als Kaiser erhofft wird, wie wir es ihm bereits zugestanden haben, und gegen seine Nachfolger, die vom apostolischen Stuhl persönlich dieses Recht erhalten haben." Praktisch waren diese Rechte des Königs seither bedeutungslos. Ausgerechnet Gregor VII. erbat und erhielt allerdings noch einmal die Bestätigung seiner Wahl von einem deutschen König – seinem späteren erbitterten Gegner Heinrich IV.

Der nächste Schritt war der Kampf um die Besetzung der Bistümer, der Investiturstreit, als dessen größte Exponenten Gregor VII. (1073–1085) und Heinrich IV. (1056–1106) auftraten. Der Streit ging darum, wer das Recht hatte, einen Bischof mit seinem Amt zu betrauen und ihm dessen Symbole – Bischofsstab und Bischofsring – zu übergeben. Gregor, der einstige Mönch Hildebrand des Klosters Cluny, war als Kardinal ein maßgeblicher Initiator des Papstwahldekrets gewesen. Bald nachdem er den päpstlichen Stuhl bestiegen hatte, nahm er nun den Kampf um die Investitur der Bischöfe auf. Schon durch ein päpstliches Dekret von 1059 (M/A Nr. 541 § 6) war es verboten worden, Kirchenämter durch Laien zu verleihen. Dieses Verbot erneuerte Gregor VII. auf der römischen Fastensynode von 1075 und erstreckte es ausdrücklich auch auf die Verleihung des Bischofsamtes durch den König (M/A Nr. 556). Dies berührte nicht nur ein kirchenrechtliches Privileg des deutschen Königs, sondern betraf wegen der von Otto dem Großen wieder hergestellten Verbindung von Kirchenämtern und Reichsaufgaben [Kap. 4d] zugleich eine zentrale Frage der Innenpolitik. Heinrich setzte sich daher über das päpstliche Verbot der Laieninvestitur hinweg und besetzte nach bisherigem Brauch mehrere Bistümer in Deutschland und in der Lombardei. Als ihm Gregor daraufhin mit dem Bann drohte, entschloß sich Heinrich, der sich seine Innenpolitik nicht aus dem Gefüge bringen lassen wollte, zu einem massiven Gegenzug: Anfang des Jahres 1076 ließ er auf der Wormser Synode Gregor durch deutsche und lombardische Bischöfe wegen ungültiger Wahl für abgesetzt erklären. In einem Brief Heinrichs an Gregor (L, S. 110) heißt es: „Du hast Dich nicht nur nicht gescheut, die Häupter der heiligen Kirche, die Erzbischöfe, Bischöfe, Priester, die Gesalbten des Herrn, anzutasten, [...] Du erhobst Dich auch gegen die uns von Gott verliehene königliche Gewalt und wagtest zu drohen, Du wolltest uns ihrer berauben, als hätten wir das Reich von Dir und als ob die Königs- oder Kaiserkrone in Deiner und nicht in Gottes Hand läge, in der Hand unseres Herrn Jesu Christi, der uns zur Herrschaft, nicht aber Dich zum Priestertum berufen hat. [...] Du also, [...] durch aller Unserer Bischöfe und Unseren eigenen Richterspruch verurteilt, steige herab und verlasse den angemaßten Stuhl des heiligen Petrus!"

Gregor seinerseits verhängte den Bann über Heinrich und die Bischöfe, die ihn, Gregor, für abgesetzt erklärt hatten (M/A Nr. 548): „ [...] mir ist von Gott die Macht gegeben, zu binden und zu lösen im Himmel und auf Erden. Darauf gestützt [...] widersage ich im Namen Gottes des Vaters, des Allmächtigen, und des Sohnes und des Heiligen Geistes, kraft der mir [...] verliehenen Vollmacht dem König Heinrich, des Kaisers Heinrich Sohn, [...] die Regierung im ganzen deutschen Reich und in Italien und löse alle Christen von dem Bande des Eides, den sie ihm geschworen haben oder schwören werden, und verbiete, daß jemand ihm als König Dienste leistet [...], so binde ich als Dein Stellvertreter ihn mit dem Bande des Fluchs. [...]"

Diese im politischen Kampf noch neue und scharfe Waffe tat in der mittelalterlichen Welt ihre Wirkung. Auf dem Fürstentag zu Tribur drohten die deutschen Fürsten, sich von ihrer Treuepflicht gegenüber Heinrich zu lösen, falls dieser nicht binnen Jahr und Tag vom Bann gelöst würde. So erschien Heinrich im Januar 1077 vor der Burg der Markgräfin Mathilde in Canossa – wohin sich der Papst zurückgezogen hatte –, um vor diesem öffentlich Kirchenbuße zu tun. Wohl sah sich Gregor hierdurch genötigt, den Bann zu lösen, doch schickte er noch im Januar einen Bericht über Heinrichs Bußgang an die deutschen Fürsten (M/A Nr. 549), der den König vor deren Augen zutiefst demütigen und bloßstellen mußte: „Bevor er den Boden Italiens betrat, schickte er Gesandte mit demütigen Bitten voraus und bot Uns an, daß er in allem Gott und dem heiligen Petrus und Uns Genugtuung leisten wolle, und versprach wiederholt, daß er zur Besserung seines Lebens allen

Gehorsam gegen Uns beachten werde, wenn er nur die Gnade der Lossprechung und des apostolischen Segens von Uns erlangen könne. Als Wir dies unter vielen Beratungen lange hinausgeschoben und ihm durch alle Boten, die hin und her gingen, aufs neue seine Ausschreitungen vorhalten ließen, kam er endlich in eigener Person, von ganz wenigen begleitet, ohne Feindseligkeit oder Anmaßung zur Schau zu tragen, vor die Burg Canossa, wo Wir verweilten. Dort harrte er drei Tage lang vor dem Burgtor aus, ohne alle Zeichen einer königlichen Würde, kläglich anzusehen, unbeschuht und in härenem Gewande, und hörte nicht auf, unter Tränen unsere apostolische Barmherzigkeit zu erflehen, bis er alle Anwesenden und alle, die davon hörten, so sehr zu Mitleid und Barmherzigkeit rührte, daß sie sich mit Tränen und Bitten für ihn einsetzten [...]. Durch seine beharrliche Reue und die inständige Fürsprache der Anwesenden schließlich besiegt, lösten Wir ihn endlich von der Fessel des Bannes und nahmen ihn in die Gnade der Gemeinschaft und den Schoß der heiligen Mutter Kirche wieder auf." Obgleich damit die Bedingung des Fürstentages von Tribur erfüllt war, wählten die deutschen Fürsten im März 1077 in Forchheim den schwäbischen Herzog Rudolf von Rheinfelden unter Nichtachtung des Geblütsrechts zum König und lösten damit einen Bürgerkrieg aus, der mit der tödlichen Verwundung Rudolfs in der Schlacht von Hohenmölsen (1080) endete und in dessen Verlauf Heinrich das Herzogtum Schwaben an Friedrich von Staufen verlieh (1079).

Im Herbst 1078 wiederholte Gregor das Verbot der Laieninvestitur, besonders das einer Investitur der Bischöfe durch den König (M/A Nr. 560). Da Heinrich dennoch weiterhin Bischofsstühle besetzte, erneuerte Gregor im Jahre 1080 den Bann. Aber dieses Schwert, das allzu sichtbar als politische Waffe geführt wurde, war durch den wiederholten Gebrauch stumpf geworden. Heinrich konnte einen Gegenpapst (Clemens III.) wählen lassen, der ihn nach der Eroberung Roms im Jahre 1084 zum Kaiser krönte. Ein Jahr später starb Gregor im Exil; als sein Nachfolger wurde Urban II. gewählt und wirkte im Sinne Gregors, während Clemens weiter als

Gegenpapst in Rom residierte; auf der Synode zu Clermont rief Urban 1095 zum ersten Kreuzzug auf. Noch hielten sich Kaiser und Papst im Spiel der politischen Kräfte die Waage.

Der Investiturstreit dauerte auch unter den Nachfolgern Gregors und Heinrichs an. Inzwischen hatte sich im französischen und englischen Investiturstreit eine vermittelnde Lösung gefunden, für die vor allem Bischof Ivo von Chartres eintrat. Er schlug 1097 vor, das dem Bischof zu übertragende geistliche Amt (die *spiritualia*) einerseits und seine weltlichen Herrschaftsrechte und Güter (die *temporalia*) andererseits zwar nicht zu trennen, aber zu unterscheiden. Die Verleihung der *temporalia* sollte dem König verbleiben, die Übertragung der *spiritualia* auf Grund freier kanonischer Wahl geschehen. Diese Lösung hatte sich mittlerweile in Frankreich und in England (gemäß dem Vertrag von Westminster, 1107) bewährt. In Deutschland dagegen blieben die Fronten auch nach dem Tod Heinrichs IV. (1107) verhärtet, bis Papst Paschalis II. und Heinrich V. (1106–1125) zunächst eine radikale Lösung im Vertrag von Sutri (1111) suchten: Die unter Karl dem Großen und Otto dem Großen entstandene Verbindung von hohen geistlichen Ämtern und Reichsaufgaben sollte gelöst, das Amt der Bischöfe und Äbte wieder ein rein geistliches werden und der König auf die Investitur verzichten. Das hieß auch: Die Bischöfe und Äbte sollten alle offenkundig zum Reich gehörigen Regalien, also vom König hergeleiteten Rechte, dem Reich überlassen: nämlich „Städte, Herzogtümer, Markgrafschaften, Grafschaften, Münzen, Zoll, Marktrecht, Reichsvogteien, Zentgerichte und offenkundig dem Reich gehörende Pfalzen" (*Privilegium Paschalis* vom Februar 1111). Zu diesem Verzicht waren die geistlichen Würdenträger jedoch nicht bereit. In den anschließenden Tumulten und Auseinandersetzungen wurde der Papst vom König festgesetzt und zwei Monate später im Frieden von Ponte Mammolo zu einer neuen Erklärung gedrängt, in der es nun hieß, die göttliche Vorsehung habe es gefügt, daß das Königtum Heinrichs „in einzigartiger Weise mit der heiligen Römischen Kirche verflochten" sei; daher werde es dem König zugestanden, daß er den Bischöfen und Äbten seines Reichs, die frei, ohne Gewalt und Simonie gewählt wurden, die Investitur mit Stab und Ring gewähre (W I Nr. 47). Gegen dieses Investiturprivileg erhob sich erneuter Widerstand der „Gregorianer". Elf Jahre später waren die Krieger müde und kehrten am Ende zu den Gedanken des Ivo von Chartres zurück.

Ihnen folgend schlichteten Heinrich V. und Papst Calixtus II. den Investiturstreit durch das Wormser Konkordat (1122). Formell bestand es aus zwei Urkunden: dem *Calixtinum* mit den päpstlichen Zugeständnissen und dem *Privilegium Henrici*, das die Zugeständnisse Heinrichs enthielt (W I Nr. 49). Dieser gestand nun die freie kanonische Wahl der Bischöfe und Äbte des Reiches zu; sie hatte aber in den deutschen Bistümern in Gegenwart des Königs oder seines Stellvertreters zu geschehen; bei zwiespältigen Wahlen hatte dieser ein Entscheidungsrecht. Die geistlichen Würden, die *spiritualia*, wurden nun mit Ring und Stab durch den Metropoliten übertragen. – Die *temporalia* hingegen wurden vom König verliehen. Er nahm die Investitur mit den Reichslehen und den weltlichen Hoheitsrechten vor und empfing dafür den Lehns- und Treueid des Bischofs. Diese mit dem Szepter vorgenommene Investitur erfolgte in Deutschland vor der Bischofsweihe, so daß der König durch ihre Verweigerung einen mißliebigen Kandidaten ausschließen konnte. In Italien und Burgund sollte die Einweisung in die temporalia binnen sechs Monaten nach der Bischofsweihe geschehen.

Im folgenden Jahrhundert setzte es das Papsttum durch, daß die dem König verbliebenen Rechte zur Mitwirkung an den Bischofswahlen auch noch beseitigt wurden. Unter Innocenz III. verzichtete Otto IV. auf die Gegenwart bei Bischofswahlen und auf die Entscheidung streitiger Wahlen (1209), und Friedrich II. bestätigte 1213 das Recht auf freie kanonische Wahl der Prälaten (M/A Nr. 616). Die Investitur mit den weltlichen Gütern und Rechten blieb aber bis zum Ende des Reiches dem König vorbehalten.

Papst- und Bischofswahlen waren also Anfang des zwölften Jahrhunderts weitgehend aus weltlicher Bevormundung befreit. Um die niederen Eigenkirchen brauchte keine ernsthafte Auseinandersetzung mehr geführt zu werden. Nikolaus II. und Gregor VII. hatten ganz allgemein untersagt, daß Kirchenämter durch Laien vergeben wurden (1059 und 1075). Damit war auch das aus dem Eigenkirchenrecht hergeleitete Bestallungsrecht der Grundherren für niedere Kirchenämter für unstatthaft erklärt. Die Verleihung solcher Ämter sollte künftig nurmehr dem Bischof zukommen. Das Recht des Kirchenpatrons, der eine Kirche stiftete, sank zu einem bloßen Präsentationsrecht herab. Spätestens seit 1179 galt das Patronat nurmehr als Beiwerk der geistlichen Kompetenz (*„spirituali annexum"*; M Nr. 317); das damit verbundene Präsentationsrecht sollte seine Wurzel nicht in der Grundherrschaft, sondern in kirchlicher Gunst haben, die aus Dankbarkeit gewährt werde.

Nachweise in: Friedberg, §§ 115 I, 117 I; *J. Hatschek,* Englische Verfassungsgeschichte, 1913, § 12 II; *Hauck,* Bd. III S. 526 ff., 574 ff., 680 ff., 777 ff.; *G. Tellenbach,* Libertas. Kirche und Weltordnung im Zeitalter des Investiturstreites, 1936; *Heussi,* §§ 49, 50; *Seppelt,* Bd. III Kap. 1–4; *Feine,* § 24; *Schmidt,* § 24; *Ebers,* §§ 32–34; *Erler,* Kap. 10; *H. Mitteis, H. Lieberich,* Deutsche Rechtsgeschichte, 19. Aufl. 1992, Kap. 21 II; *HRG* Artikel: Investitur, Investiturstreit, Kirchengut, Orden, Papstwahl, Patronat, Simonie, Wormser Konkordat; *TRE* Artikel: Investiturstreit, Papstwahl.

6. Der Papst als das Haupt der Christenheit

a) Auf der Höhe der Macht

Der Kampf um die Befreiung der Kirche aus weltlicher Bevormundung war nur ein Übergang zu dem päpstlichen Anspruch nicht nur auf den geistlichen, sondern auch auf den weltlichen Vorrang. Gregor VII. hat diesen Vormachtanspruch in sein kirchenpolitisches Programm aufgenommen, das er bald nach Antritt seines Amtes in einer Art „Aktenvormerkung" in 27 Leitsätzen niederlegte. In diesem *Dictatus Papae* (1075; M/A Nr. 547) stand: Der Papst allein dürfe über die kaiserlichen Insignien verfügen (*„uti"*). Nur des Papstes Füße seien von allen Fürsten zu küssen. Ihm sei es erlaubt, Kaiser abzusetzen. Sein Spruch dürfe von keinem aufgehoben werden; aber er dürfe die Urteile aller verwerfen. Er selbst dürfe von keinem gerichtet werden. Niemand dürfe sich unterfangen, einen zu verurteilen, der an den apostolischen Stuhl appelliere. Er könne die Untertanen von ihrer Treuepflicht gegen Ungerechte entbinden. Hier sind – um einen erst später entstandenen Begriff zu verwenden – Souveränitätsansprüche formuliert. Gregor selbst konnte sie noch nicht verwirklichen, wie der Ausgang seiner Auseinandersetzung mit Heinrich IV. zeigte. Doch sein Programm wurde von seinen Nachfolgern aufgenommen.

So war man hellhörig, als auf dem Reichstag zu Besançon (1157) der Kardinal und päpstliche Legat Roland von Siena – der spätere Papst Alexander III. – ein Schreiben Papst Hadrians IV. verlas, das an Kaiser Friedrich I. Barbarossa (1152–1190) gerichtet und in dem bekundet war, die römische Kirche habe bereitwillig das Zeichen der Kaiserkrone (*„imperialis insigne coronae"*) an Friedrich verliehen, der aus des Papstes Hand große Benefizien empfangen habe (M/A Nr. 587). Nach dem Sprachgebrauch der Zeit konnte man dies als Verleihung des Benefiziums der kaiserlichen Krone und mithin als Stilisierung des Papstes zum Oberlehensherrn des Kaisers verstehen, zumal ein Gemälde, das die Kaiserkrönung als päpstliche Belehnung darstellte, im Lateran zu finden war. Hatte Leo III. Karl den Großen als einen „*a Deo coronatus*" proklamiert [Kap. 4a], so las sich's bei Hadrian nun ganz anders. Der forsche Kardinal stieß freilich bei den Großen des Reichs auf scharfe Zurückweisung, zumal bei dem Kanzler Rainald von Dassel, und bei Barbarossa selbst (M/A Nr. 588), der sich als Erbe des karolingischen Kaisergedankens fühlte und den Anspruch erhob, als christlicher römischer Kaiser die kaiserlichen Rechte auch über Italien auszuüben. Zu diesem Zweck ließ er die Regalien (die „Königsrechte") auf dem Roncalischen Reichstag (1158) aufzeichnen. Die lombardischen Städte sahen sich dadurch in ihrer inzwischen gewonnenen territorialen Selbständigkeit bedroht, und der Papst mochte sich peinlich daran erinnert fühlen, daß in der Karolingerzeit die Pippinsche Schenkung unter der Königsherrschaft stand – wogegen bereits die Legende von der Constantinischen Schenkung opponierte [Kap. 4b] – und daß auch Otto der Große die Schutzherrschaft über das *Patrimonium Petri* in Anspruch nahm [Kap. 4c]. Die Machtprobe zwischen Barbarossa und Rom führte 1159 zu der Wahl zweier konkurrierender Päpste: des vom Kaiser anerkannten Victor IV. (1159–1164) und des gegnerischen Alexander III. (1159–1181). Auch verfügte der Kaiser wieder über deutsche Bischofsstühle und setzte 1165 den Mainzer Erzbischof und andere Parteigänger Alexanders ab. Nach einigen Italienzügen des Kaisers endete der Konflikt erneut mit einem Patt. Nach der Niederlage Barbarossas gegen das mailändische Heer bei Legnano (1176) und seiner Aussöhnung mit Alexander im Frieden von Venedig (1177; M Nr. 315) kehrte der Kaiser zu der im Wormser Konkordat vorgesehenen Praxis zurück.

Innocenz III. (1198–1216) erstieg dann die Höhe päpstlicher Macht. Die politische Situation war dieser Entwicklung günstig. Der Sohn und Nachfolger Barbarossas, Heinrich VI., starb schon im siebten Jahr seiner Regierung und hinterließ einen unmündigen Sohn, den späteren Friedrich II. Die auf den Tod Heinrichs folgende Doppelwahl Ottos IV. von Braunschweig und Philipps von Schwaben zu deutschen Königen (1198) spaltete die politischen Kräfte, so daß es sich für Innocenz anbot, im Thronstreit das Schiedsrichteramt zu beanspruchen, und zwar nicht als neutraler Dritter, sondern als übergeordnete Instanz: Er leitete das Wahlrecht der deutschen Fürsten vom apostolischen Stuhl ab und nahm daher das Recht in Anspruch, die Person des zum König Gewählten und zum Kaiser zu Bestellenden zu überprüfen (*Bulle Venerabilem fratrem*, 1202; M/A Nr. 596). Damit war der Anspruch erhoben, aus kirchlicher Autorität in die deutsche Königswahl – modern gesprochen in deutsches Verfassungsrecht – einzugreifen. Das geschah freilich ohne durchschlagenden Erfolg: Obgleich der päpstliche Schiedsspruch zugunsten Ottos IV. ausfiel, blieb dessen Herrschaft auf seine Erblande und das Gebiet um den Niederrhein beschränkt. Erst als in einer Neuwahl – nach der Ermordung Philipps (1208) – auch dessen vorherige Anhängerschaft nun Otto die Stimme gab, konnte dieser sein Königsamt wirksam ausüben.

Als dann aber Otto IV. Sizilien zu erobern suchte, bannte ihn Innocenz und erklärte ihn für abgesetzt. Als sein Nachfolger wurde des Innocenz' Mündel, Friedrich II. (1212–1250), zum König gewählt. Wirklich zur Macht gelangte dieser jedoch erst, als Philipp II. Augustus von Frankreich [Kap. 7b] im Jahr 1214 auf dem Felde bei Bouvines das Heer Johanns von England und Ottos IV. geschlagen und den erbeuteten Reichsadler an Friedrich gesandt hatte.

Nicht wenige Länder wurden dem Papst als dem Oberlehensherr unterstellt, so Unteritalien (1059, M/A Nr. 542), Katalonien und Aragon (1068/89), Portugal (1143), England und Irland [Kap. 7b]. Im Jahr 1215 saß Innocenz III. dem 4. Laterankonzil vor, einer „Heerschau päpstlicher Weltherrschaft" (Feine S. 268), die von den Gesandten aller christlichen Fürsten beschickt war.

Nur während weniger Jahrzehnte konnte sich das Papsttum auf der Höhe dieser Universalherrschaft halten. Unter dem glanzvollen Friedrich II. kam es erneut zu einer Machtprobe. Friedrich hatte sich die Päpste und die meisten lombardischen Städte zum Feind gemacht: Jene fanden ihre Politik durchkreuzt, die den Kirchenstaat umschließenden Gebiete – das Heilige Römische Reich und das Königreich Sizilien – politisch getrennt zu halten. Die Städte sahen ihre inzwischen errungene Selbständigkeit bedroht, weil Friedrich Anstalten machte, auch den Norden Italiens nach dem Vorbild Siziliens mit einer Verwaltungsorganisation zu überziehen, die seiner Kontrolle unterstand: mit kaiserlich bestellten Stadthäuptern (*podestàs*) unter kaiserlichen Provinzialverwaltungen. Die Städte erlitten durch Friedrich ihre Niederlage bei Cortenuova (1237). Und auch Gregor IX. konnte die Machtstellung Friedrichs durch dessen wiederholte Bannung nicht brechen. Schließlich erklärte Innocenz IV. auf dem Konzil von Lyon (1245) Friedrich für abgesetzt und forderte die deutschen Fürsten zu einer Neuwahl auf (M/A Nr. 632), fand aber nur geringen Widerhall. Nur einige geistliche Fürsten wählten den Landgrafen von Thüringen, Heinrich Raspe, zum Gegenkönig, der aber schon ein Jahr nach seiner Wahl starb. Innocenz scheute sich nicht, für seine politischen Ziele neben geistlichen auch recht irdische Mittel einzusetzen. Er schmälerte dadurch aber den päpstlichen Anspruch, Haupt der Christenheit zu sein, und damit auch seinen Einfluß: Wollte es doch nicht in das Bild eines Stellvertreters Christi auf Erden passen, daß der Heilige Vater Urheber oder jedenfalls Mitwisser eines – am Ende vereitelten – Mordkomplotts gegen den Kaiser war. Noch während der kriegerischen Auseinandersetzungen mit Innocenz starb Friedrich dann eines natürlichen Todes (1250).

Nachweise in: Hauck, Bd. IV S. 196 ff., 224 ff., 711 ff., 768 ff., 795 ff., 842 ff.; *Heussi,* §§ 56, 57; *Seppelt,* Bd. III Kap. 6–8; *HRG* Artikel: Reichsitalien.

b) Theorien über den Vorrang des Papstes

Der Vorstellung von der Oberherrschaft des Papstes entsprach es: daß das Amt des Kaisers vom Papst verliehen werde, daß der Papst die Königswahl zu bestätigen habe, daß er nötigenfalls den König auch wieder absetzen und dessen Vasallen von ihrem Treueid lösen könne. Die Inanspruchnahme dieser Rechte hat man mit dem staatskirchenrechtlichen Begriff päpstlicher *potestas directa in temporalibus* bezeichnet, d.h. einer unmittelbaren weltlichen Herrschaftsgewalt des Papstes. Später, nach der Durchsetzung staatlicher Souveränität [Kap. 7, 11, 12b], verflüchtigten sich die päpstlichen Herrschaftsansprüche zu bloßen Ansprüchen auf eine *potestas directiva*, nämlich darauf, durch Lehrentscheidungen und Ratschläge das Gewissen der Fürsten und Völker zu lenken.

Hinter den päpstlichen Weltherrschaftsansprüchen stand, wie einst hinter dem karolingischen Reichsgedanken, die augustinische Idee eines Reiches Christi auf Erden. Geistliches und weltliches Haupt eines solchen christlichen Universalreiches [Kap. 2b] sollte nun aber der Papst und nicht mehr, wie zur Zeit Karls des Großen, der Kaiser sein. Diese Auffassung kleidete man in einprägsame Bilder, etwa: wie der Leib von der Seele regiert werde, so müsse das weltliche Regiment der geistlichen Führung unterstehen; oder: wie der Mond sein Licht von der Sonne empfange, so empfange die weltliche Regierung ihre Kraft von dem geistlichen Oberhaupt der Christenheit (Friedberg § 14 III). Seit dem Investiturstreit wurde dann vor allem das Bild von den zwei Schwertern gebräuchlich, das früher schon Gelasius verwendet hatte [Kap. 2b]: Die Welt werde durch zwei Schwerter geleitet, das geistliche und das weltliche. Beide Schwerter, mit denen das Reich Gottes auf Erden, das *unum corpus christianorum*, regiert werde, seien, so hieß es nun, ursprünglich in die Hand des Papstes – als des Stellvertreters Christi auf Erden – gelegt. Er übertrage das weltliche Schwert dem Kaiser, damit dieser es zum Schutz der Kirche und unter deren Leitung führe. So war der Papst als der Oberlehensherr des Kaisers symbolisiert. Zu dieser Ansicht bekannte sich um 1275 auch ein verbreitetes Rechtsbuch, der Schwabenspiegel (Landrecht, Vorwort, d).

Auf die Zwei-Schwerter-Lehre gestützt und durch Philipp den Schönen von Frankreich gereizt [Kap. 7 a], verkündete Papst Bonifatius VIII. in seiner Bulle *Unam Sanctam* (1302; M/A Nr. 746) noch einmal den Anspruch auf die geistliche und weltliche Vorherrschaft des Papstes: Die Kirche, so hieß es dort, habe „nur einen Leib und ein Haupt [...] Christus nämlich und Christi Stellvertreter, Petrus und Petri Nachfolger; sagt doch der Herr zu Petrus selbst: Weide meine Schafe". Dieser Hirte hat „über zwei Schwerter zu verfügen, ein geistliches und ein weltliches, das lehren uns die Worte des Evangeliums [...]. Beide Schwerter hat die Kirche in ihrer Gewalt, das geistliche und das weltliche. Dieses ist für die Kirche zu führen, jenes von ihr. Jenes gehört dem Priester; dieses ist von der Hand der Könige und Ritter zu führen, doch nur wenn und solange der Priester es will. Ein Schwert muß dem anderen untergeordnet sein; die weltliche Macht muß sich der geistlichen fügen. Denn der Apostel sagt: Es ist keine Obrigkeit ohne von Gott, wo aber Obrigkeit ist, ist sie von Gott verordnet. Sie wäre aber nicht geordnet, wenn nicht ein Schwert unter dem anderen stünde. [...] Wenn also die weltliche Gewalt in die Irre geht, wird sie von der geistlichen gerichtet werden; irrt eine nachgeordnete geistliche Gewalt, wird sie von jener gerichtet werden, die über ihr steht; irrt aber die höchste, so kann sie allein von Gott gerichtet werden. [...] Wer sich dieser von Gott so geordneten Gewalt widersetzt, der widerstrebt Gottes Ordnung [...] So erklären wir, daß jedes menschliche Geschöpf bei Verlust seiner Seele Seligkeit dem römischen Papst untertan zu sein hat und sagen es ihr und bestimmen es."

Eine weltliche Variante des Anspruches auf päpstliche Oberlehensherrschaft gründete sich auf die Legende von der Constantinischen Schenkung [Kap. 4 b]. So sollte dem Papst also kraft apostolischer Einsetzung die umfassende Gewalt über die Christenheit und kraft der Constantinischen Schenkung die weltliche Oberherrschaft im Bereich des weströmischen Reiches zustehen. Daß die zweifache Herleitung der päpstlichen Oberherrschaft – von Christus und von Kaiser Constantin – einen Widerspruch in sich barg, beunruhigte nicht weiter.

Die kaiserliche Partei vertrat eine andere Version der Zwei-Schwerter-Lehre. Dem karolingischen Kaisertum [Kap. 4 a] hätte es entsprochen, beide Schwerter in der Hand des Kaisers zu sehen. Aber zu dieser Auffassung erkühnte sich nach dem Investiturstreit das Kaisertum nicht. Jedoch sollten nach dieser Lehre, die sich um 1228 auch im Sachsenspiegel (Landrecht, I 1, s. aber auch III 52 § 1) fand, der Papst und der Kaiser jeder seine Gewalt unmittelbar von Gott empfangen: Der Kaiser sei nicht Lehnsmann des Papstes, sondern ihm gleichgeordnet. Keiner sei des anderen Vasall, aber beide hätten in Eintracht zusammenzuwirken. So sah es auch Dante (1265–1321) in seiner Schrift über die Monarchie (III 13ff.): Die weltliche Autorität des Kaisers sei nicht vom Papste abhängig. Die Heilige Schrift habe die Priester nicht dazu bestellt, sich um weltliche Dinge zu kümmern; habe doch Christus selbst erklärt, sein Reich sei nicht von dieser Welt. Der Papst solle die Menschen zum ewigen Leben hin leiten, der Kaiser für ihr irdisches Glück, für Frieden und Freiheit sorgen; dazu sei er, wie der Papst für sein geistliches Amt, unmittelbar von Gott berufen.

Nachweise in: Hauck, Bd. IV S. 165 ff., 715 ff.; *Feine,* § 27; *Ebers,* §§ 36, 55; *HRG* Artikel: Papst, Papsttum; *TRE* Artikel: Papsttum I.

7. Ansätze eines neu entstehenden Staatskirchentums

Gegen Ende des Mittelalters begann die Auflösung des religiösen Universalismus. Anstelle des deutschen Kaisertums, das in
seiner hochmittelalterlichen Ausprägung mit den letzten Ho-
henstaufen endete, war dem Papsttum ein neuer, gefährlicherer
Gegenspieler erwachsen: der nationale Territorialstaat, der mit
dem Anspruch auf Souveränität das Feld der Weltpolitik betrat
und sich fremde Einmischung in seinen Bereich verbat.

a) Frankreich

Als Papst Bonifatius VIII. (1294–1303) im Jahre 1296 durch die
Bulle *Clericis laicos* (M/A Nr. 743) der weltlichen Gewalt verbot, den Klerus ohne päpstliche Erlaubnis zu besteuern, revan-
chierte sich Philipp IV., der Schöne (1285–1314) und unterstellte die Ausfuhr von Gold und Silber seiner Erlaubnis. Das traf
in erster Linie die Ablieferung kirchlicher Abgaben an den
Papst. Dieser schränkte daraufhin sein Besteuerungsverbot ein.
Ein neuer Konflikt brach aus, als Philipp dem aufsässigen Bischof von Pamiers, Bernard Saisset, den Prozeß machte. Im
Gefühl seiner päpstlichen Machtfülle nahm der reizbare Bonifatius die Herausforderung an, berief die Bischöfe zu einer
Synode nach Rom und lud den König vor, damit er sich wegen
seiner Bedrückung der Kirche und tyrannischen Regierungs-
weise rechtfertige (1302). Aber nichts lag Philipp ferner, als auf
der päpstlichen Synode zu erscheinen. Er berief die französischen Generalstände, die für ihn Stellung bezogen. Der Papst
mußte sich damit begnügen, auf der römischen Synode die
päpstlichen Herrschaftsansprüche zu proklamieren, was er
denn auch in der Bulle *Unam Sanctam* tat [Kap. 6b]. Gestützt
auf die Zwei-Schwerter-Lehre verkündete er den machtpoli-

tisch schon nicht mehr glaubwürdigen Anspruch auf geistliche und weltliche Vorherrschaft des Papstes.

Doch dieses hochfahrende Dokument wurde zum Abgesang päpstlicher Weltherrschaft. Philipp ließ Bonifatius vor den Generalständen der Ketzerei und anderer Verbrechen anklagen und ihn vor ein Konzil fordern (1303). Bonifatius bereitete daraufhin den Bannspruch gegen Philipp vor; da überfiel Philipps Großsiegelbewahrer Wilhelm von Nogaret (dessen Eltern vermutlich als Katharer verbrannt worden waren) in einem gewagten Unternehmen den Papst in Anagni (1303), um ihn vor ein Konzil zu bringen. Zwar wurde Bonifatius befreit, doch starb er bald darauf in Rom. Bonifatius' Nachfolger, Benedikt XI., löste Philipp vom Bann, exkommunizierte aber Wilhelm von Nogaret und seine Helfer. 1305 folgte Clemens V., der bisherige Erzbischof von Bordeaux, auf den päpstlichen Thron. Er erkannte den „gerechten Eifer" Philipps an, sprach auch Wilhelm von Nogaret los, widerrief die anstößige Constitution *Clericis laicos* und bestimmte 1309 Avignon zum Sitz der Kurie, womit die sogenannte „babylonische Gefangenschaft" der Kirche begann, die das Papsttum in Abhängigkeit vom französischen König brachte. Erst 1377 verlegte Gregor XI. die päpstliche Residenz wieder endgültig nach Rom, wo er 1378 starb. Die französischen Kardinäle erklärten die Wahl seines reizbaren und starrsinnigen Nachfolgers Urban VI. für ungültig, erkoren sich 1378 einen eigenen Papst, der seinen Sitz wieder in Avignon nahm, und begründeten so jenes Schisma, dem erst das Konstanzer Konzil nach fast vierzig Jahren ein Ende bereitete [Kap. 8b]. In der Zwischenzeit gehörten die meisten deutschen Gebiete, Nord- und Mittelitalien und England zur Obödienz von Rom, während Frankreich, Schottland und zeitweilig auch habsburgische Gebiete zur Obödienz von Avignon zählten.

Damals wurde der Grund gelegt für die gallikanischen Freiheiten. Durch Denkschriften der Pariser Universität von 1394 und 1407 und die Pariser Nationalsynode von 1406/1407 vorbereitet, wurden nationale Eigenrechte für die französische Kirche dann durch die Pragmatische Sanktion von Bourges

(M/A Nr. 772) festgelegt: Eine größere Zahl der auf dem Baseler Konzil beschlossenen Dekrete, welche die päpstlichen Rechte einschränkten [Kap. 8b], wurde mit geringen Modifikationen von der französischen Nationalsynode zu Bourges (1438) angenommen und von Karl VII. sanktioniert. Der König nahm weitgehenden Einfluß auf die Besetzung der höheren Kirchenämter. Appellationen nach Rom wurden nicht völlig untersagt, doch wurde die Gerichtsbarkeit des Pariser Parlaments durch den *appel comme d'abus* (oder *recursus ab abusu*) auf kirchliche Jurisdiktionsakte ausgeweitet. Kraft dieser – seit der Mitte des fünfzehnten Jahrhunderts praktizierten, seit 1539 gesetzlich geregelten – Appellationsmöglichkeit konnte ein Rechtsmittel an das staatliche Gericht gegen die kirchliche Jurisdiktion eingelegt werden, sofern diese weltliches oder staatlich sanktioniertes kirchliches Recht berührte. Leitgedanke war, daß das staatliche Gericht nachprüfen sollte, ob nicht die Grenzen einer rein innerkirchlichen Jurisdiktionsgewalt überschritten wurden. Das bedeutete eine weitgehende staatliche Kontrolle über die Kirche. 1475 wurde das Placet für alle kirchlichen Erlasse eingeführt, deren Veröffentlichung also von der königlichen Genehmigung abhängig gemacht, eine Einrichtung, die sich zum Mißbehagen Roms als recht lebenskräftig erwies und in der Zeit des Absolutismus auch von anderen Staaten übernommen wurde. Im Jahr 1516 wurde das Nominationsrecht des Königs, sein Recht, die Kandidaten für alle Bistümer, Abteien und Priorate zu bestimmen, durch Konkordat festgelegt und dem Papst nur eine nachfolgende Bestätigung vorbehalten [Kap. 11a]; die im Investiturstreit so heiß umkämpfte Position war Frankreich gegenüber damit auch förmlich aufgegeben. Den entscheidenden Einfluß in der französischen Kirche hatte wieder der König. Auf dem Weg zum Absolutismus war eine wichtige Bastion genommen.

Nachweise in: Hauck, Bd. V S. 676 ff., 756 f., 833 f.; *Heussi,* § 65; *Seppelt,* Bd. IV Kap. 1, 2; *Feine,* §§ 37 II, 39 III, 44 I; *TRE* Artikel: Gallikanismus.

b) England

England widersetzte sich früh dem päpstlichen Kirchenzentralismus. Der erste große Zusammenstoß ereignete sich zwischen Heinrich II. (1154–1189) und Thomas Becket, dem Erzbischof von Canterbury. Anlaß waren die von Becket nicht anerkannten Konstitutionen von Clarendon aus dem Jahr 1164 (S/M Nr. 30), welche die kirchenrechtlichen Prärogativen des Königs stärkten, insbesondere die Geistlichen vorrangig der königlichen Gerichtbarkeit unterstellten (c.3) und Appellationen nach Rom untersagten (c.8). Der daraus entstehende Konflikt mit Becket führte schließlich zu dessen Ermordung (1170). In der allgemeinen Empörung über diese Tat ging gerade Errungenes wieder verloren. So sah sich Heinrich genötigt, die Appellation nach Rom wieder freizugeben (1172); vier Jahre nach Beckets Ermordung tat Heinrich öffentliche Kirchenbuße an dessen Grab. Heinrichs Sohn Johann I. „Ohneland" (1199–1216) begab sich vollends in die Hand der Kirche: Als Philipp II. Augustus von Frankreich (1180–1223) den Besitz der Anjou-Plantagenets auf dem Kontinent in weiten Teilen erobert hatte und 1213 zum Angriff auf England ansetzte, begrub Johann seinen Zwist mit dem mächtigen Innocenz III., ließ sich England und Irland vom Papst als Lehen auftragen, leistete dem päpstlichen Legaten Pandulf Mannschaft und verpflichtete sich zu jährlichem Tribut nach Rom, woraufhin Innocenz dem französischen König den Angriff verbot.

Eine nachhaltigere Distanzierung fand im vierzehnten Jahrhundert statt. Zu der Zeit, als die Päpste in Avignon residierten und stark unter französischem Einfluß standen [a], brach unter Eduard III. der hundertjährige Krieg (1339–1453) zwischen England und Frankreich aus. Das brachte es mit sich, daß England die seit 1213 geleisteten Tributzahlungen an den Papst einstellte, daß 1353 Appellationen an eine außerhalb des Staates gelegene Instanz – gemeint war der Papst – untersagt wurden (S/M Nr. 62 G) und daß man päpstlichen Steuerforderungen entgegentrat. 1351 wurde zudem bestimmt (S/M Nr. 62 E):

Wer sein Amt der Kurie (ihrer „collation or provision") verdankte, sollte es zugunsten des Königs oder des Laienpatrons verlieren; zwar wurden später dem Papst durch Kompromiß noch verschiedene Mitwirkungsrechte bei der Vergabe von Kirchenämtern zugestanden; entscheidend war aber, daß der König die Verfügung über die großen Benefizien hatte und in der Regel die Bischofswahl der Domkapitel lenken konnte.

In jene Zeit fiel auch das reformatorische Wirken John Wyclifs (um 1320–1384), der sich zum frühkirchlichen Armutsideal bekannte, nur die Bibel als theologische Quelle anerkannte, das Papsttum verwarf und die Lehre ablehnte, daß sich in der Eucharistie die Transsubstantation von Brot und Wein in Leib und Blut Christi vollziehe. Manche seiner Gedanken, insbesondere die Absage an die Verweltlichung der Kirche durch Besitz und Machtansprüche, hat Johannes Hus (um 1370–1415) übernommen.

Ihren Abschluß fand die Emanzipation der englischen Kirche aber erst unter Heinrich VIII. [Kap. 10 b].

Nachweise in: J. Hatschek, Englische Verfassungsgeschichte, 1913, §§ 12 II, III, 25; *K. Kluxen*, Geschichte Englands, 4. Aufl. 1991; *Hauck*, Bd. V S. 902 f. und *Heussi*, § 68 (zu Wyclif und Hus).

c) Deutschland

In Deutschland setzte sich unter Ludwig IV., dem Bayern (1314–1347), und Karl IV. (1346–1378) der Zug zur Befreiung der Staatsgewalt von päpstlichen Einflüssen und zur Säkularisation der Staatsgewalt durch. Angesichts des Niederganges eines Papsttums, das in Avignon unter den Augen des französischen Königs residierte, führten auch die Kaiserlichen eine schärfere Klinge. Marsilius von Padua (um 1275–1342), der aus Paris fliehen mußte und an den Hof Ludwigs des Bayern gekommen war, lehrte in seiner Schrift *Defensor Pacis* (II Kap. 20 ff.), ursprünglicher Träger der kirchlichen Gewalt sei die Christengemeinde, nicht der Papst. Nicht dieser, sondern das allgemeine Konzil sei daher die oberste Instanz der Kirche.

Die Gemeinden sollten sich ihre Bischöfe und Priester wählen. Ein Primat des Papstes, der sich aus einer Nachfolge Petri ergäbe, sei aus der Bibel nicht nachzuweisen; so könne ihm nur kraft menschlichen Rechts ein Ehrenvorrang unter den Geistlichen zukommen. Was das Verhältnis von Kirche und Staat betreffe, so sei die Kirche ein Teil des Staates und unterstehe deshalb dessen Aufsicht. Beides waren Lehren, die für ihre Zeit zu radikal waren, um sich durchzusetzen. Aber es waren Gedanken, die in der folgenden Zeit Aktualität gewinnen sollten: Der Gedanke einer Überordnung des Konzils über den Papst sollte bald durch das Schisma herausgefordert werden. Der Gedanke der Einordnung der Kirche in den Staat als eines Teiles des Staates wurde im Absolutismus Wirklichkeit. Das demokratische Gemeindeprinzip schließlich sollte ein Grundprinzip der calvinistischen Kirchenverfassung werden und von hier aus auch auf die anderen evangelischen Kirchen übergreifen [Kap. 10a, 16a, 17a]. – Auch Wilhelm von Ockham (um 1285 – um 1348), der wegen seiner Lehren nach Avignon zitiert und dort in Haft gehalten worden war, flüchtete an den Hof Ludwigs des Bayern und nahm hier dessen Partei in der Auseinandersetzung mit dem Papst: Die Gewalt des Kaisers sei nicht von der des Papstes mitumfaßt; jener habe die weltliche, dieser nur die geistliche Gewalt (*Dialogus de imperatorum et pontificum potestate*). Auch für das beginnende Staatskirchentum lieferte er eine Rechtfertigung: Wenn die Kirche versage, habe die weltliche Gewalt ein Notrecht, deren Aufgaben wahrzunehmen.

In der politischen Praxis stand zunächst die Lossagung von der päpstlichen Oberhoheit auf der Tagesordnung der Geschichte. Sie fand ihren Niederschlag in den Beschlüssen des Kurvereins von Rhense, im Gesetz Licet juris und in der Goldenen Bulle. Nachdem sich der Papst in die Königswahl Ludwigs des Bayern eingemischt und den Anspruch erhoben hatte, daß diese Wahl seiner Bestätigung bedürfe, beschlossen die im Jahre 1338 zu Rhense zusammengetroffenen Kurfürsten, daß der von den Kurfürsten mit Mehrheit Gewählte allein schon damit und ohne päpstliche Approbation den königlichen

Titel trage (M/A Nr. 758). Ludwig bestätigte in seiner Konstitution *Licet juris* (1338; M/A Nr. 759) diesen Beschluß, ergänzte ihn durch den Zusatz, daß die Wahl allein auch den Anspruch auf die Kaiserkrone verleihe, und ließ es sich nicht nehmen, hierbei ausdrücklich zu erklären, daß die kaiserliche Gewalt unmittelbar von Gott stamme.

Karl IV., der später als Gegenkönig gewählte Nachfolger Ludwigs, übernahm diese Verfassungsgrundsätze in sein grundlegendes Reichsgesetz von 1356 (B Nr. 5), dessen Siegel man in einer Goldenen Bulle verwahrte. Über den päpstlichen Anspruch, die Königswahl zu bestätigen, ging man nun stillschweigend hinweg. Die Kurie freilich hielt bis zum Ende des Reichs an der Hypothese fest, daß der deutsche König der päpstlichen Approbation bedürfe, und erteilte darum künftig die päpstliche Bestätigung regelmäßig aus freien Stücken und ohne daß sie erbeten wurde, was nur noch in ganz wenigen Fällen geschah. Der einstige Anspruch des Papstes auf eine Universalherrschaft hatte sich zu einer unbedeutenden Formalität verflüchtigt.

Die Reichsgewalt war aber zu schwach, um die Schwäche des Papsttums zur Schaffung einer Nationalkirche nach englischem oder auch nur französischem Vorbild nützen zu können. Wohl aber bestanden Ansätze zu einem Landeskirchentum in den einzelnen Territorien, in denen sich der Zug zum Absolutismus zum Teil in einem recht energischen landesherrlichen Kirchenregiment ankündigte. Papst Eugen IV., der zunächst wieder den Vorrang des Papstes vor den Konzilien sichern wollte, ließ sich in dem österreichischen Abkommen von 1445, den Fürstenkonkordaten von 1447 und dem Wiener Konkordat von 1448 zu weitgehenden Zugeständnissen gegenüber den Landesherren und dem Reich herbei; insbesondere wurden diesen wichtige Einflüsse auf die Besetzung hoher Kirchenämter zugestanden [Kap. 8 b].

Auch abgesehen von solchen rechtlichen Regelungen bemächtigten sich die erstarkenden Territorialgewalten zunehmend kirchlicher Dinge. Die Sorge der Landesherren galt der guten Polizei im Staat, das hieß damals der guten Ordnung und

Wohlfahrt (und dem Glanz ihrer eigenen Hofhaltung). Sie nahmen sich auch der Kirchen an, und um die Geistlichkeit zur Raison zu bringen, bedienten sie sich oft handfester Mittel. Als ein Sterben in Kulmbach war und der Bischof Interdikt einlegte, ließ man die Toten dem Pfarrherrn ins Haus tragen. „Wollte er den Gestank nit leiden und die nachfolgende Besorgniß, mußte er sie wohl begraben lassen" (Friedberg § 15 III). Zur rechtlichen Begründung der landesherrlichen Interventionen suchte man zunächst alle möglichen Relikte alter Rechte hervor – Reste des früheren Eigenkirchenrechts, Patronatsrechte und Vogteien –, dazu kam das schon erwähnte geistliche Notrecht des Landesherrn, sich der Kirche anzunehmen, bis dann schließlich das Verfügungsrecht über die Kirchen als Teil der umfassenden Landeshoheit erschien. Schon im vierzehnten Jahrhundert hatte Rudolph IV. von Österreich verkündet: „In meinen Landen will ich Papst, Erzbischof, Bischof, Archidiakon und Dekan sein" (Feine S. 443). Ein Graf von Friesland schaffte in seinem Landrecht kurzerhand kanonische Rechtssätze ab, und die Parole hieß „Dux Cliviae est papa in territoriis suis" (Friedberg § 15 III), der Herzog von Cleve ist in seinen Landen der Papst. Das nach der Reformation Luthers entfaltete Landeskirchentum war also keine unvorbereitete Schöpfung der Reformation, sondern fügte sich in schon begonnene Entwicklungen ein.

Nachweise in: Friedberg, § 15 III; *Hauck,* Bd. V S. 500 ff., 553 ff.; *Feine,* § 37 I; *HRG* Artikel: Päpstliche Approbation.

8. Die Reformkonzilien

a) Die Aufgabe

In jene Zeit des Zerfalls der päpstlichen Macht und Autorität und des sich anbahnenden Staatskirchentums, die Zeit auch der Reformatoren – von Wyclif bis Calvin – sind auch die eineinhalb Jahrhunderte der Reformkonzilien verflochten, deren Ziel es war, die Kirche an Haupt und Gliedern zu reformieren. Das Papsttum hatte versagt. So sollten andere Kräfte – die weltliche Gewalt und die Konzilien – dafür einspringen.

Nach der Konziliartheorie, zu der schon Marsilius von Padua einen Grund gelegt hatte [Kap. 7 c], sollte höchste kirchliche Instanz nicht der Papst, sondern das allgemeine Konzil sein: *Concilium superat papam.* Nach der episkopalistischen Version der Konziliartheorie übertrug Christus die Kirchengewalt den Aposteln in ihrer Gesamtheit, deren Nachfolger die Bischöfe in ihrer Gesamtheit seien. So komme die apostolische Gewalt der allgemeinen Versammlung der Bischöfe zu. Diese habe die Kirchengewalt dem römischen Bischof nur aus praktischen Gründen und nur zur Ausübung, nicht aber der Substanz nach übertragen und könne sie jederzeit wieder an sich ziehen. Neben dieser episkopalistischen Version des Konziliarismus gab es auch eine „demokratische", die ihr „Modell" in den urchristlichen Gemeinden suchte.

Drei große Aufgaben warteten auf eine Lösung: Die *causa unionis*, nämlich die Beseitigung des Schismas [Kap. 7a], die *causa fidei*, nämlich der Kampf gegen die Irrlehre, und die *causa reformationis*, nämlich die innere Reform der Kirche. Vier große Konzilien waren nötig, um diese Aufgaben zu bewältigen: das Konzil zu Pisa (1409), das Konzil zu Konstanz (1414–1418), das zu Basel (1431–1449) und das Konzil zu Trient (1545–1563).

Die ersten drei dieser Konzilien waren von dem Gedanken beherrscht, das Konzil stehe über dem Papst. Auf dem letzten Konzil, dem Tridentinum, hatte sich das Blatt gewendet; dank der geschickten Politik Papst Eugens IV. und seiner Nachfolger war der päpstliche Primat, der Vorrang des Papstes vor dem Konzil, wieder gesichert.

Nachweise in: HRG Artikel: Konzil, Konziliarismus; *TRE* Artikel: Konziliarismus.

b) Die ersten Reformkonzilien

Die drei von der Konziliartheorie beherrschten Konzilien fanden in der ersten Hälfte des fünfzehnten Jahrhunderts statt. Die Superiorität des allgemeinen Konzils, das seine Gewalt unmittelbar von Christus habe, wurde auf dem Konstanzer Konzil sogar durch ein Dekret festgelegt (M/A Nr. 767), das dann auf dem Baseler Konzil erneuert wurde. Auf dem Konstanzer Konzil begann sich die auf Marsilius zurückgehende „demokratische" Version der Konziliartheorie durchzusetzen; auf diesem Konzil hatten nicht nur die Bischöfe, sondern auch die Vertreter der Domkapitel und Universitäten und die Abgesandten der weltlichen Mächte Stimmrecht. Auf dem Konzil von Basel setzte sich die „Demokratisierung" fort; auf ihm stimmten auch die Doktoren, Priester und Mönche mit ab.

Das von den Kardinälen einberufene erste Konzil tagte 1409 in Pisa. Hauptpunkt seiner Tagesordnung war die *causa unionis*: die Beseitigung des Schismas. Als Gegenpäpste standen sich Benedict XIII. und Gregor XII. gegenüber. Das Konzil erkannte beiden ihr Amt ab (M/A Nr. 766) und wählte an ihrer Stelle Alexander V. Aber die beiden „abgesetzten" Päpste dachten nicht daran, den Konzilsbeschluß zu respektieren. Und da nicht nur der neugewählte Papst Anhänger fand, sondern auch die „abgesetzten" Päpste Anhänger behielten, hatte man von nun an nicht nur zwei, sondern drei Päpste.

Erfolgreicher war das Konzil von Konstanz (1414–1418). König Sigismund (1410–1437) hatte als *advocatus ecclesiae* –

aus altüberkommener Verantwortung für die Kirche [Kap. 4a, b] – Papst Johannes XXIII., den Nachfolger Alexanders, dazu bestimmt, es einzuberufen. Das Konzil entsetzte die drei bisherigen Päpste ihres Amtes, dieses Mal mit Erfolg, und wählte 1417 Martin V. zum Papst. Damit war die *causa unionis* geregelt. – Der *causa fidei* nahm sich das Konzil in der Weise an, daß es 1415 Wyclifs Lehren [Kap. 7b] verdammte, Johannes Hus, ungeachtet des vom König zugesicherten freien Geleites, als Ketzer verurteilte und ihn dem weltlichen Arm zum Vollzug der Todesstrafe übergab und daß Papst Martin schließlich nocheinmal die von Wyclif und Hus vertretene Lehre verwarf (1418; M/A Nr. 771). – Die *causa reformationis* wurde nur in Teilfragen behandelt, deren wichtigste das Verhältnis zwischen dem Konzil und dem Papsttum war. Nach dem Konstanzer Dekret ist das Konzil die Vertretung der Gesamtkirche und hat seine Gewalt unmittelbar von Christus. Daher müsse auch der Papst dem Konzil Gehorsam leisten, nicht nur bei der Beseitigung eines Schismas, sondern auch in Glaubenssachen.

Im übrigen wurde die *causa reformationis* dem folgenden Konzil zu Basel (1431–1449) vorbehalten. Dieses erneuerte 1439 das Konstanzer Dekret über die Superiorität des Konzils (M/A Nr. 776). Frankreich nützte die Stunde: Durch die Pragmatische Sanktion von Bourges wurde mehreren Beschlüssen des Baseler Konzils für Frankreich Gesetzeskraft verliehen und damit eine wichtige Grundlage für das französische Staatskirchentum und insbesondere für die gallikanischen Freiheiten geschaffen [Kap. 7a].

Noch im Laufe dieses Konzils begann aber Papst Eugen IV. (1431–1447) erfolgreich mit einer Rückgewinnung der päpstlichen Autorität, indem er das Konzil spaltete, durch eine kluge Konkordatspolitik die Mächtigen auf seine Seite zog und die Beschlüsse des Baseler Konzils wenigstens für Deutschland zunichte machte: 1438 verlegte er gegen den Willen der Mehrheit das Konzil zunächst nach Ferrara, 1439 nach Florenz. Die in Basel verbliebene Konzilsmehrheit erklärte Eugen für abgesetzt und wählte Felix V. zum Papst (1439), erwies sich aber auf Dauer der überlegenen Diplomatie Eugens nicht gewachsen: Aeneas Silvius Piccolomini, der Ratgeber Friedrichs III. (1440–1493), gewann diesen für ein Abkommen mit Eugen (1445), das dem König zunächst für seine österreichischen Territorien beachtliche landeskirchliche Befugnisse zusicherte, darunter das Recht, bestimmte Bistümer zu besetzen. Es folgten Konkordate mit deutschen Reichsfürsten (1447) und mit dem Reich (1448); dieses „Wiener Konkordat" (M/A Nr. 777) wurde bereits mit dem Nachfolger Eugens, Nikolaus V., geschlossen. Der Handel lautete: Wiedergewinnung der päpstlichen Autorität gegen Stärkung der landesherrlichen Gewalt in kirchlichen Angelegenheiten [Kap. 7c]. Als Ergebnis dieser kurialen Politik dankte Papst Felix V. ab (1449), und der in Basel verbliebene Teil des Konzils löste sich auf. Im Jahr 1460 bedrohte Pius II. – der einst als Aeneas Silvius Piccolomini auf Seiten des Baseler Konzils gestanden hatte, dann aber zu Eugen IV. übergewechselt war – jeden mit der Exkommunikation, der gegen den Papst an ein allgemeines Konzil appellierte (M/A Nr. 778).

Die Pragmatische Sanktion von Bourges, die sich zum Konziliarismus bekannte, wurde 1516 auf Betreiben Papst Leos X. von Franz I. aufgehoben. Im Gegenzug wurden weitgehende Rechte des französischen Königs durch ein Konkordat festgelegt [Kap. 11a]. Ergänzend verwarf die Bulle *Pastor aeternus* (M/A Nr. 785) die Pragmatische Sanktion und verkündete, daß die päpstliche Autorität über allen Konzilien stehe; in Verkennung des längst vollzogenen politischen Wandels wurde sogar versucht, die Bulle *Unam sanctam* [Kap. 6b] neu zu beleben.

Nachweise in: Hauck, Bd. V S. 975 ff.; *Heussi*, § 69; *Seppelt*, Bd. IV Kap. 3–5; *Feine*, § 38; *Ebers*, § 48.

c) Das Tridentinum

So hatte die Kurie dem Konziliarismus den Rang abgelaufen. Literarisch hatte der päpstliche Primat inzwischen einen beredten Anwalt in dem spanischen Kardinal Torquemada gefunden (*De potestate papae et concilii generalis*, 1480). Als das Konzil zu Trient (1545–1563) zusammentrat, war der Konziliarismus überwunden und der päpstliche Primat gefestigt. Den Vorsitz dieses Konzils führten päpstliche Legaten. Die Beratungsgegenstände wurden vom Papst bestimmt. Die Beschlüsse dieses Konzils ergingen unter dem Vorbehalt der päpstlichen Bestätigung und Abänderungsbefugnis.

Hauptthema des Konzils war die bisher immer wieder vernachlässigte *causa reformationis*, die nun durch die rasche Ausbreitung der lutherischen und der reformierten Lehre auch zu einer politischen Notwendigkeit geworden war. Eine durchgreifende innere Reform der katholischen Kirche war jetzt unausweichlich, sollte die Reformation [Kap. 9b, 10a] sich nicht weiter ausbreiten und, wenn möglich, die Einheit der Kirche wieder hergestellt werden. Die Beschlüsse des Tridentinum betrafen insbesondere die *causa reformationis* und die *causa fidei* (M/A Nrn. 843ff.).

Die *decreta de reformatione* brachten Reformen der Kirchenverfassung und der Kirchenzucht. Die Kirchengewalt wurde entgegen den überwundenen Bestrebungen des Konziliarismus in der Hand des Papstes konzentriert. Die Geistlichen wurden verpflichtet, ihre Ämter persönlich zu verwalten. Die Einrichtung der gabensammelnden Ablaßprediger wurde aufgehoben. Durch das *Decretum Tametsi* wurde das Eherecht reformiert. Ehen konnten künftig nicht mehr formlos und geheim, sondern mußten vor dem Pfarrer und mindestens zwei Zeugen geschlossen werden.

Hinsichtlich der *causa fidei* ging es dem Tridentinum vor allem darum, überlieferte katholische Dogmen zu formulieren und hierbei besonders die Punkte herauszuarbeiten, in denen sich die katholische Lehre von der protestantischen unterschied. So wurden die Lehre von der apostolischen Tradition als kirchlicher Rechtsquelle und die Lehren von den sieben Sakramenten und vom Fegefeuer festgeschrieben. Auch die vom Protestantismus geteilte Erbsündelehre wurde auf dem Tridentinum formuliert. Diese bisher nur überwiegend vertretenen, aber unverbindlichen Lehren wurden jetzt zu verbindlichen Dogmen erklärt.

Das Konzil praktizierte sogleich die Lehre vom päpstlichen Primat, indem es seine Beschlüsse der päpstlichen Bestätigung unterstellte; diese wurde am 28. Januar 1564 erteilt (M/A Nr. 953). Die Tridentiner Beschlüsse ergingen unter dem Vorbehalt *„in omnibus salva sedis apostolicae auctoritas maneat"* (M/A Nr. 947), blieben also der Fortbildung und Änderung durch den Papst überlassen. Zur authentischen Auslegung, Weiterbildung und Durchführung der Konzilsbeschlüsse wurde eine eigene Kardinalskommission – die Konzilskongregation – eingesetzt.

Nachweise in: Heussi, § 88; *Seppelt,* Bd. V Kap. 1; *Feine,* § 40 II, III; *Ebers,* § 52; *K. Ganzer,* Aspekte der katholischen Reformbewegungen im 16. Jahrhundert, 1991; *HRG* Artikel: Tridentinum.

9. Luther und die staatskirchenrechtlichen Folgen

a) Historische Bedingungen

Zu Beginn der Neuzeit zerbrach der katholische Kirchenverband, aus dem sich nun die lutherische, die reformierte und die anglikanische Kirche herauslösten [Kap. 10] und Frankreich sich die „gallikanischen Freiheiten" erstritt und die Kirche weitgehend unter das Regime des Souveräns brachte, wie das später auch in Österreich unter Joseph II. und in anderen deutschen Territorien geschah [Kap. 11].

In Deutschland verlief der Durchbruch zum Staatskirchentum einigermaßen kompliziert, was dem deutschen Nationalcharakter entsprach und sich auch aus den verwickelten staatsrechtlichen Verhältnissen erklärt. Seit langem hatte in Deutschland die Mißstimmung gegen das Papsttum zugenommen. Das Schisma und später die Verweltlichung der Renaissancepäpste hatten diesem Unwillen Nahrung gegeben. Die Päpste betrieben Machtpolitik und umgaben sich mit Prunk, statt sich um die innere Not der Kirche zu kümmern. Um den Finanzen aufzuhelfen, bedienten sie sich des kaum verschleierten Ämterverkaufs oder griffen zum verkäuflichen Ablaß. Alexander VI. Borgia (1492–1503), ein versierter Diplomat, tüchtiger Administrator und erfahrener Schlingenleger, stellte das höchste Amt der Christenheit in den Dienst seiner Familienpolitik, um seine im Ehebruch erzeugten Kinder, denen er ein liebevoller Vater war, mit fürstlichen Würden zu versorgen und seinem genialen und gewissenlosen Sohn Cesare ein Reich in Mittelitalien zu verschaffen; es hieß, er sei an vergiftetem Wein gestorben, den er einem Kardinal kredenzen wollte, aber versehentlich selber trank. Zeitzeuge Machiavelli berichtete – nicht ohne einen gewissen Respekt – (Il principe, c.18): „Papst Alexander VI. tat und sann nichts weiter, als die

Menschen zu betrügen, und stets fand er eine Gelegenheit dazu. Kein Mensch hat seine Versprechungen so nachdrücklich beteuert, so feierlich beschworen und so leicht gebrochen; nichtsdestoweniger gelangen ihm alle seine Betrügereien nach Wunsch, weil er die Welt von dieser Seite vorzüglich kannte." Julius II. (1503–1513) empfahl sich als Förderer Raffaels und Michelangelos und vor allem als imposanter Staats- und Kriegsmann, der gelehrte, kunstsinnige und genußfreudige Leo X. (1513–1521) nicht zuletzt durch ein großartiges Mäzenatentum.

In Deutschland fand das Unbehagen an Rom seinen förmlichen Ausdruck in den *Gravamina nationis Germanicae*. Das waren Klagen und Proteste der Stände. Sie richteten sich unter anderem gegen die Annaten und andere päpstliche Steuern, den Ablaßhandel, die Mißbräuche im Pfründenwesen, die Verschleppung von Prozessen und gegen die häufige Verhängung von Bann und Interdict aus weltlichen Gründen, insbesondere als politisches Druckmittel oder auch bloß zur Durchsetzung von Geldforderungen. Diese Gravamina wurden auf dem Frankfurter Fürstentag von 1456 zusammengestellt und kehrten seitdem auf den Reichstagen immer wieder (ein Entwurf der Gravamina von 1521 bei M Nr. 418).

Die Mißbräuche des Ablaßhandels gaben dann auch den äußeren Anstoß für die Reformation in Deutschland. Ablaß bedeutete ursprünglich das Absehen von einer Kirchenstrafe. Ein solcher Strafnachlaß konnte durch die Verrichtung guter Werke erwirkt werden; ein solches gutes Werk konnte auch in der Geldzahlung für einen kirchlichen Zweck bestehen. Die Päpste dehnten nun ihre Ablaßgewalt auch auf die zeitlichen Sündenstrafen aus, also auch auf die im Jenseits zu erduldenden Strafen. So war der Weg frei, sich von allen möglichen Sündenstrafen freizukaufen und den Ablaß als Finanzquelle zu erschließen. Dieser wurde also eine Art „Feuerversicherung": Versicherung im Diesseits gegen Feuer im Jenseits.

Im Jahre 1517 wickelte sich ein großangelegtes Ablaßgeschäft in Deutschland ab. Erzbischof Albrecht von Mainz und Magdeburg hatte für die Verleihung der Metropolitenwürde ein Palliengeld von 24000 Dukaten nach Rom zu entrichten. Das Augsburger Bankhaus Fugger streckte das Geld vor. Es traf sich, daß Papst Leo X. damals auch einen großen Ablaß zur Vollendung der Peterskirche ausschrieb und Albrecht die Ablaßverkündigung für seine Sprengel und die brandenburgischen Länder übertrug. Dieser erhielt dadurch Gelegenheit, seine Schuld abzutragen, und zwar so, daß an das Bankhaus Fugger die Hälfte der im Ablaßhandel erzielten Einkünfte abgeführt wurde (Seppelt S. 421). So war die Vergebung der Sünden zu einem großen Geldgeschäft geworden, an dem der Papst, der Erzbischof von Mainz und Magdeburg und das Bankhaus Fugger beteiligt waren. Das Geschäft blühte, die Leute strömten zu den marktschreierischen Ablaßpredigern, um ihr Geld und ihre Sünden loszuwerden. Kurfürst Friedrich der Weise, der Landesherr Luthers, verbot auf seinem Gebiet den Ablaßhandel, um eine Aussaugung seines Landes zu verhüten. Es fehlte nur noch der zündende Funke, um dem Schabernack ein Ende zu bereiten.

Nachweise in: Heussi, § 74; *Seppelt*, Bd. IV Kap. 5; *TRE* Artikel: Gravamina.

b) Die Reformation

Nur so erklärt sich die gewaltige Wirkung, die der Thesenanschlag Luthers (1483–1546) am 31. Oktober 1517 hatte. Dem äußeren Gewande nach war dieser Anschlag alles andere als eine revolutionäre Tat. Die 95 Thesen (M Nr. 415) waren lateinisch abgefaßt und ihr Anschlag sollte nach damaligem Brauch eine wissenschaftliche Disputation der mitgeteilten Thesen herbeiführen. Aber Luther hatte nur zu sehr ins Schwarze getroffen, wenn er in seinen Thesen behauptete: „Da unser Herr und Meister Jesus Christus spricht: Tut Buße [...] (Matth. 4, 17), hat er gewollt, daß alles Leben der Gläubigen Buße sein soll" (1). „Menschliches predigen jene, die sagen: So das Geld im Kasten klingt, die Seel' aus dem Fegfeuer springt" (27). „Es ist gewiß, daß, sobald das Geld im Kasten erklingt, auch

Geldgier und Gewinnsucht vermehrt werden, aber in dem Willen Gottes steht allein die Fürbitte der Kirche" (28). „Wer den Armen gibt und den Dürftigen lehrt, tut besser, als wer einen Ablaßbrief kauft; denn" (43) „durch jenes wird der Mensch besser, durch dieses nur strafloser" (44). „Wer daher statt einem Armen zu helfen, Ablaß löst, zieht sich statt des Ablasses Gottes Zorn zu" (45). „Es geschieht dem Worte Gottes Unrecht, [...] daß der Ablaß mit mehr Pomp als das Evangelium verkündigt werde" (54, 55).

Mit Windeseile verbreiteten sich diese Thesen, die schon längst hätten gesprochen werden müssen, durch ganz Deutschland und stellten Luther in den Mittelpunkt des theologischen Interesses. Der Geist der Zeit hatte seinen Repräsentanten gefunden, der die religiöse Not seiner Zeit in Worte, in theologische Begriffe faßte.

Im Laufe der anschließenden Auseinandersetzungen leugnete Luther dann auch den Lehrprimat des Papstes. In der Leipziger Disputation mit dem Ingolstädter Professor Johann Eck (1519) fiel die Behauptung Luthers, daß der Papst nicht nach göttlichem Recht das Oberhaupt der Kirche sei. In Rom siegte die Auffassung, man könne dem Aufbegehren Luthers durch einen kräftigen Schlag ein Ende bereiten. Die Bulle *Exsurge Domine* vom 15. Juni 1520 (M/A Nr. 789) verdammte 41 Lehrsätze Luthers und drohte diesem den Bann an. Als der päpstliche Nuntius Luthers Schriften in Löwen verbrannte, antwortete dieser damit, daß er die Bannandrohungsbulle am 10. Dezember 1520 vor dem Elstertor zu Wittenberg ins Feuer warf – zusammen mit den kirchlichen Dekretalensammlungen, die für Luther die sichtbare Rechtskirche symbolisierten, an deren Spitze der Papst mit seinem Lehr- und Jurisdiktionsprimat stand. Luther setzte dem Begriff dieser Rechtskirche seinen verinnerlichten Kirchenbegriff entgegen: Dieser bezeichnete die Gemeinschaft derer, die „den Heiligen Geist im Herzen haben" [Kap. 12a]. In dieser Kirche sollte jeder Christ am allgemeinen Priestertum teilhaben, das heißt, „daß wir gleiche Gewalt an dem Wort Gottes und einem jeden Sakramente haben" (Von der babylonischen Gefangenschaft der Kirche, 1520).

Auf die massive öffentliche Auflehnung Luthers antwortete Rom am 3. Januar 1521 mit dem Bann (M/A Nr. 790). Nachdem Luther auf dem Reichstag zu Worms (1521) Gelegenheit zur Verteidigung erhalten hatte, wurde auch die Reichsacht über ihn und alle seine Anhänger gesprochen (M Nr. 419), wie das nach altem Reichsrecht geboten war (*Confoederatio cum principibus ecclesiasticis*, 1220, c.7; B Nr. 2).

Gleichwohl breitete sich die Reformation rasch über weite Teile Deutschlands aus. Kaiser Karl V. (1519–1556) war mit dem Krieg gegen Franz I. von Frankreich beschäftigt, das Reich wurde durch ein von den Ständen bestelltes Regiment verwaltet (Ho Nr. 5b), und die Vollziehung des Wormser Edikts war nach den bestehenden politischen Kräfteverhältnissen de facto den Ständen selbst überlassen. Als der päpstliche Legat auf dem Nürnberger Reichstag von 1522 die Vollziehung des Edikts forderte, handelte er sich stattdessen hundert Beschwerden gegen den Heiligen Stuhl ein: denn auf diesen Mißbräuchen Roms beruhe ja der Einfluß Luthers, und dessen gewaltsame Unterdrückung würde deshalb die Gefahr einer allgemeinen Empörung heraufbeschwören. Der Wind stand gut für die Sache Luthers.

Dieser vertraute seinerseits die Reformation der weltlichen Obrigkeit in den Territorialstaaten an. Es setzte sich die alte Vorstellung durch, daß der Landesherr sich auch um die Sache der Kirche zu kümmern habe, wenn es die Not verlangt und die Geistlichkeit ihre Pflicht versäumt [Kap. 7c, 12a]. Und in der Tat fühlten sich viele Fürsten und die Ratsherren der Reichsstädte aufgerufen, kraft ihres Amtes sich der Reformation anzunehmen. Auf diese Weise begann – je nachdem, ob die Obrigkeit sich für die Reformation entschied oder nicht – die Glaubensspaltung sich in der politischen Wirklichkeit anzubahnen; zugleich setzte sich so de facto der Grundsatz *cuius regio, eius religio* allmählich durch.

Bald bildeten sich auch politisch-konfessionelle Gruppierungen der Mächte. Die lutherischen Stände forderten auf dem Reichstag zu Nürnberg im Jahre 1524 eine Nationalsynode, auf der sie der Reformation zum Durchbruch verhelfen wollten.

Doch die katholischen Stände schlossen sich noch im gleichen Jahr auf dem Regensburger Konvent zusammen, um diesen Bestrebungen entgegenzutreten. Durch den Torgauer Bund einerseits und den Dessauer Bund andererseits festigten sich die Fronten.

Auch auf dem Reichstag zu Speyer von 1526 trat die inzwischen eingetretene Spaltung offen zutage. Der Reichsabschied von 1526 (M Nr. 421) stellte die Durchführung des Wormser Edikts in das Ermessen der Stände. Bis zu einem Konzil oder einer Nationalversammlung sollten es die Stände mit dem Wormser Edikt so halten, „wie ein jeder solches gegen Gott und Kayserliche Majestät hoffet und vertrauet zu verantworten". Die Verfügungsgewalt des Landesherren über konfessionelle Belange war damit, wenn auch nur als Interim, von Reichs wegen zugestanden. Das Landeskirchentum begann sich zu entwickeln. So ließ z.B. Kurfürst Johann von Sachsen, der Landesherr Luthers, bereits 1527 in seinem Land eine Kirchen- und Schulvisitation durchführen. Im gleichen Jahr gründete Landgraf Philipp von Hessen die Universität Marburg, die nach der Universität Wittenberg die erste evangelische Universität war. Schon um jene Zeit hoben sich die drei Institutionen heraus, auf denen für Jahrhunderte das evangelische Kirchenwesen ruhen sollte: die landesfürstliche Gewalt, die Pfarrgeistlichkeit und die Universität.

Als im Jahre 1529 der Kaiser den Krieg gegen Franz I. von Frankreich siegreich beendet hatte und sich auf dem Speyerer Reichstag eine katholische Mehrheit fand, wurde dort beschlossen, daß in Dingen der Reformation der status quo beizubehalten sei, daß nämlich jene Stände, die bisher das Wormser Edikt befolgt hatten, sich auch künftig daran zu halten hätten, und daß auch in den anderen Ländern weitere Neuerungen verhütet werden sollten (M Nr. 422). Gegen diesen Reichstagsabschied, der die Reformation zum Stillstand verurteilte, legten die evangelischen Stände Protest ein, wovon sie den Namen Protestanten erhielten, und appellierten an den Kaiser und an ein allgemeines Konzil.

Der Kaiser aber, der im Frühjahr 1530 als Sieger aus Italien heimkehrte, um dem Augsburger Reichstag selber beizuwohnen, brachte den Entschluß mit, die Einheit des Glaubens wieder herzustellen. Er forderte die protestierenden und an ihn appellierenden Stände auf, die Hauptsätze ihrer Konfession zusammenzustellen. Philipp Melanchthon (1497–1560) übernahm die Aufgabe und faßte die lutherischen Glaubenssätze in Artikeln zusammen. Er legte die wesentlichen neuen Lehren – die lutherische Rechtfertigungslehre, die Lehre vom Predigtamt und die lutherische Kirchenverfassung – dar, verwies aber auch auf die verbleibende weitgehende Übereinstimmung der neuen Konfession mit dem katholischen Glauben. Luther billigte das Werk Melanchthons, ohne jedoch den Vorwurf der Leisetreterei ganz zu unterdrücken. Die protestierenden Fürsten und zwei Reichsstädte unterzeichneten diese – nachher *Confessio Augustana* genannte – Schrift, die dann dem Kaiser übergeben wurde. Dieser ließ daraufhin eine von katholischen Theologen verfaßte Gegenschrift, die *Confutatio*, verlesen. Melanchthon antwortete mit einer Verteidigungsschrift, der *Apologie*. Der Kaiser verweigerte aber deren Annahme und veranlaßte einen Reichstagsabschied, der es den protestantischen Ständen aufgab, sich binnen fünf Monaten wieder der römischen Kirche einzufügen. Diese antworteten 1531 mit einem Verteidigungsbündnis, dem Schmalkaldischen Bund (Ho Nr. 11).

Angesichts dieses „zur röttung und gegenwär" geschlossenen Bündnisses, aber auch um Hilfe gegen die Türken zu gewinnen, ließ sich der Kaiser auf dem folgenden Reichstag in Nürnberg (1532) zu einem Vergleich mit den protestantischen Reichsständen – dem Nürnberger Anstand – herbei. Es wurde den Protestanten bis zu einem Konzil freie Religionsausübung zugesagt. Kein Reichsstand sollte seines Glaubens wegen beleidigt oder verfolgt werden. Als dann aber endlich das Konzil zu Trient zusammengetreten war (1545) und die Evangelischen die Teilnahme daran ablehnten, weil nicht das Wort Gottes als die alleinige Autorität anerkannt wurde, entschloß sich der Kaiser, der seit Jahren um eine Wiedereingliederung der Protestanten in die römische Kirche bemüht war, jetzt diese Eingliederung mit Gewalt durchzusetzen. Im Schmalkaldischen Krieg (1546–1547) gelang es ihm, die Lutherischen niederzuwerfen. Doch erwies sich eine gewaltsame Unterdrückung des schon tief eingewurzelten Luthertums als schwer durchführbar. Als das Trienter Konzil einen Kompromiß von vornherein dadurch verbaute, daß es alle lutherischen Grundlehren in Bausch und Bogen ablehnte, wurde auf dem Augsburger Reichstag von 1548 mit Zustimmung Karls ein Interimsgesetz erlassen, das den Protestanten bis zu einer endgültigen Klärung einige bescheidene Zugeständnisse machte, aber vor allem in Norddeutschland auf Widerstand stieß.

Nachweise in: v. Hase, §§ 280 ff., 300 ff.; *Heussi,* §§ 75 f., 78–80; *Schmidt,* §§ 36–38; *EvStL* Artikel: Reformation

c) Der Passauer Vertrag und der Augsburger Religionsfrieden

Das Blatt wendete sich, als im Jahr 1552 der gewiefte, skrupellos ehrgeizige Moritz von Sachsen zusammen mit Albrecht Alcibiades vom Kulmbach-Bayreuth erneut die Fronten wechselte, sich nun mit den Truppen der Fürstenopposition gegen den Kaiser wandte und diesen schließlich in Innsbruck in die Flucht trieb. Im Passauer Vertrag von 1552 (Ho Nr. 16) wurde erneut den Ständen, die sich zur Augsburger Konfession bekannten, Religionsfreiheit gewährt, mit der Zusage, daß demnächst ein Reichstag einen beständigen Friedensstand in Sachen der Religion aufrichten sollte.

Der zugesagte Religions- und Landfrieden (RLF) wurde dann im Jahre 1555 auf dem Reichstag zu Augsburg beschlossen (B Nr. 11). Man fand sich mit der Tatsache der Glaubensspaltung in Deutschland ab und vereinbarte, Kaiser und Stände sollten den Landfrieden gegenseitig bewahren. Weder Kaiser oder König, noch die Stände sollten einen Stand des Reichs wegen der Augsburgischen Konfession, „so sie aufgericht oder aufrichten möchten", mit Gewalt überziehen oder jemanden gegen sein Gewissen von diesem Bekenntnis und seiner Kirche drängen. Die umstrittene Religionsfrage solle mit christlichen, friedlichen Mitteln zu einem Vergleich gebracht werden. Umgekehrt sollten aber auch die Stände der Augsburgischen Konfession die anderen unbehelligt lassen (§ 15 RLF). In dem „so sie aufgericht oder aufrichten möchten" steckte das später so genannte *ius reformandi*. – Diese Regelung galt für die Reichsstände, nach umstrittener Praxis auch für die Reichsstädte und die Reichsritterschaft (dazu später Art.V §§ 28, 29 IPO). Auch die Reichsstände erhielten aber keine volle Religionsfreiheit, sondern konnten nur zwischen der römisch-katholischen und der Augsburgischen Konfession wählen. Die Freiheit zum reformierten Bekenntnis wurde erst im Westfälischen Frieden gewährt. Die so begrenzte Wahlfreiheit der Stände wurde zudem durch das *reservatum ecclesiasticum* eingeschränkt: Geistliche Territorien sollten katholisch bleiben: Geistliche Reichsstände – die Fürstbischöfe und Fürstäbte – sollten zwar ohne Nachteil für ihre Ehre von der alten Religion abtreten dürfen, aber außer ihren Kirchenämtern auch ihr Reichslehen, also ihr Territorium, verlieren (§ 18 RLF).

Die Untertanen der Reichsstände folgten dem Bekenntnis ihres Landesherrn: Für sie galt der später so genannte Grundsatz *cuius regio, eius religio* (J. Stephani). Waren sie mit der Konfession des Landesherrn nicht einverstanden, durften sie aber in ein Land ihrer Konfession auswandern (§ 24 RLF), hatten also das *beneficium emigrationis* [Kap. 13a]. Weiter drang der Toleranzgedanke in konfessionell gemischten Reichsstädten vor: In ihnen sollten die Angehörigen beider Konfessionen friedlich bei ihrem Glauben, ihren Kirchengebräuchen und Ordnungen und in ihrem Hab und Gut bleiben (§ 27 RLF).

Zu dieser Landfriedensregelung kam folgerichtigerweise eine teilweise Suspendierung der reichsrechtlichen Strafbestimmungen über die Ketzerei und eine Suspendierung der bischöflichen Gewalt in den lutherischen Territorien (§ 20 RLF).

Nachweise in: M. *Heckel*, Deutschland im konfessionellen Zeitalter, 1983; E. *Wolgast*, Hochstift und Reformation, 1995; *EvStL* Artikel: Augsburger Religionsfriede; *HRG* Artikel: Cuius regio – eius religio, Jus reformandi, Religionsfriede; *TRE* Artikel: Augsburger Religionsfriede.

d) Die landesherrliche cura religionis

Hatte sich die landesherrliche Gewalt schon bisher fortschreitend – und verstärkt in den lutherischen Territorien – der
kirchlichen Angelegenheiten bemächtigt [Kap. 7 c], so machte
das *ius reformandi* [c] die Landesherren nun auch formell zur
obersten geistlichen Autorität ihres Landes. Für die lutherischen Fürsten, die von diesem Recht schon Gebrauch gemacht
hatten, war das offensichtlich. Es war aber auch für die katholischen Landesherren der Fall; denn oberste geistliche Autorität ist, wer jederzeit vom Reformationsrecht Gebrauch machen
kann.

Auf Grund dieser Sach- und Rechtslage schloß sich die Bildung der evangelischen Kirchen eng an die Territorien an. Die
lutherische Theologie fand sich mit dem Kirchenregiment des
Landesherrn ab [Kap. 12 a]. Ihm als dem wichtigsten Mitglied
der Gemeinde (*praecipuum membrum ecclesiae*) war von Gott
die Sorge für beide Tafeln der zehn Gebote (*custodia utriusque
tabulae*) übertragen: für die erste, welche die Schuldigkeiten
des Menschen gegen Gott betrifft, und die zweite, welche die
zwischenmenschlichen Beziehungen regelt. So ist der Fürst
auch Hirte und Haupt der Kirche auf Erden: „*Qui princeps,
idem pastor, idem pater, idem caput ecclesiae in terris externum
est*" (Friedberg § 22 IV).

Von diesem geistlichen Auftrag durchdrungen erließen die
Landesherrn und die Magistrate der evangelischen Reichsstädte Kirchenordnungen und regelten darin nicht nur die äußere Ordnung der Kirche, richteten Visitationen, Superinten-
denturen, Konsistorien und andere kirchliche Institutionen
ein, sondern nahmen sich auch der Glaubensinhalte, der *cre-
denda* an. Das geschah insbesondere in ihrer konfessionellen
Einigungspolitik, die ihren Abschluß in der Konkordienformel
– aufgenommen in das Konkordienbuch von 1580 – fand.

Nachweise in: Friedberg, § 22; *Müller*, §§ 232 ff., 238; *EvStL* Artikel: Cura
religionis; *HRG* Artikel: Kirchenordnung; *TRE* Artikel: Kirchenordnungen II, Kirchenregiment.

e) Der Westfälische Frieden

Der Westfälische Frieden von 1648, genauer gesagt jener Teil, der in Osnabrück zwischen dem Kaiser und den Schweden und deren Verbündeten verhandelt wurde – das *Instrumentum Pacis Osnabrugense* (IPO; B Nr. 12) – bestätigte später, als Ergebnis eines der schrecklichsten Kriege, die auf deutschem Boden geführt wurden, im wesentlichen die staatskirchenrechtliche Lage, die bereits durch den Augsburger Religionsfrieden geschaffen worden war (Art.V § 1 IPO), jedoch mit folgenden Modifikationen:

Das *ius reformandi* wurde jetzt auch den Reformierten zugestanden, die nun als Augsburgische Konfessionsverwandte behandelt wurden (Art.VII IPO). – Das *reservatum ecclesiasticum* wurde auf den Stichtag vom 1. Januar 1624 (Normaltag) für und gegen beide Parteien neu festgesetzt (Art.V § 15 IPO). Für Kirchengüter sollte der Besitzstand vom 1. Januar 1624 bestehen bleiben (Art.V §§ 25 und 26 IPO). Durch diese Regelungen wurde insbesondere der Konfessions- und Besitzstand der seit 1555 protestantisch gewordenen und säkularisierten Bistümer und Klöster in Norddeutschland gesichert.

Für den Reichstag wurde die seit dem Augsburger Religionsfrieden geübte Praxis festgeschrieben, daß keine der Religionsparteien in Religionssachen majorisiert werden solle. Vielmehr sollten die Reichsstände sich in Religionsangelegenheiten nach Konfessionen teilen (*itio in partes*): in ein *corpus catholicorum* und ein *corpus evangelicorum* und zunächst für sich beraten; eine Erledigung sollte nicht durch Mehrheitsbeschluß, sondern durch einen gütlichen Ausgleich, eine *amicabilis compositio*, stattfinden (Art.V § 52 IPO). – Auch in Städten gemischter Konfession sollten in Religionssachen keine Majorisierungen stattfinden (Art.V § 9 IPO).

Die Rücksicht auf die Untertanen und der Toleranzgedanke bahnten sich nur sehr allmählich an: Wo im Normaljahr 1624 die Untertanen eine andere Konfession als jene des Landesherrn ausüben durften, sollte es dabei bleiben (Art.V §§ 31, 32

IPO). Daraus ergab sich auch, daß die Landeskinder einem späteren Konfessionswechsel ihres Landesherrn nicht mehr zu folgen brauchten. Ausdrücklich wurde in solcher Weise das *ius reformandi* für den Fall eingeschränkt, daß ein Fürst innerhalb des Protestantismus von der einen protestantischen Partei zu der anderen überwechselte (Art. VII § 1 IPO). Der Kaiser wollte für seine Erblande aber auf sein (Gegen-)Reformationsrecht nicht verzichten; doch sollten die Grafen, Freiherrn, Adeligen und ihre Untertanen in Schlesien und Niederösterreich nicht wegen ihrer Konfession zur Auswanderung gezwungen werden (§ 39 IPO). – Im übrigen galt in den Territorien die schon im Augsburger Religionsfrieden vorgezeichnete Regelung: Der Landesherr mußte Angehörigen der anderen Konfession, wenn er sie nicht zur Auswanderung zwang (Art. V § 36 IPO), die häusliche Andacht zugestehen und durfte sie in ihrer bürgerlichen Rechtsstellung nicht diskriminieren (Art. V §§ 34, 35 IPO).

Nachweise in: M. *Heckel,* Deutschland im konfessionellen Zeitalter, 1983; *EvStL* Artikel: Westfälischer Friede

10. Das Herausbrechen weiterer Kirchen aus der katholischen Glaubensgemeinschaft

Am Beginn der Neuzeit wurden auch außerhalb des lutherischen Landeskirchentums Wege zu einem kirchlichen Partikularismus beschritten.

a) Die reformierte Kirche

In weitgehender Unabhängigkeit von Luther hatte der Schweizer Pfarrer Ulrich Zwingli (1484–1531) den Kampf gegen den Ablaßhandel aufgenommen. Auch er kam zu der Meinung, daß Rechtfertigung nicht durch Werkheiligkeit erlangt werden könne und Theologie allein aus der Heiligen Schrift zu schöpfen sei. In der Spiritualisierung der Religion ging er über Luther hinaus und forderte die Abschaffung solcher Bildwerke, die der religiösen Verehrung dienten. Dem folgte der Große Rat der Stadt Zürich im Jahr 1524; im gleichen Jahr hob er die Klöster in Zürich auf. Im Jahr darauf erschien Zwinglis reformatorisches Hauptwerk, der *Commentarius de vera et falsa religione* (1525). In diesem Jahr wurden in Zürich der reformierte Predigtgottesdienst und die reformierte Abendmahlsfeier eingeführt. Während Luther daran festhielt, daß im geweihten Brot und Wein Christus leibhaftig gegenwärtig sei, lehrte Zwingli eine spiritualistische Version: Christus sei beim Abendmahl nicht real, sondern nur im Geiste präsent – worin Calvin ihm später folgte. An diesem Streit über die Realpräsenz Christi sollte jeder Einigungsversuch zwischen Reformierten und Lutheranern zerbrechen. Dem Züricher Vorbild schlossen sich andere Schweizer Städte an. In all diesen Fällen befand der Rat der Stadt über die Reformation und hielt – Beispiel eines sich entfaltenden Staatskirchentums – das Kirchenregiment in der Hand.

Zu Beginn der Züricher Reform hatte Zwingli gelehrt, „das Christus nit wil, mit gwalt ieman zu dem glouben bezwungen werden" (Farner S. 87). Doch in dem Maße, wie der neue Glauben zur Herrschaft gelangte, nahm auch die Unduldsamkeit zu. Den Altgläubigen wurde zwar zugestanden, in Zürich zu bleiben; doch wenn sie künftig mit ihrer Lehre öffentlich auftraten, schritt die Obrigkeit ein. 1526 wurde ein Mandat erlassen, wonach die Wiedertäufer, die etwas aufsässig waren, sinnigerweise durch Ertränken bestraft wurden; als erster ging Felix Manz, einst ein geistiger Weggenosse Zwinglis, in die Limmat, weil er sich allzu entschieden für die Wiedertaufe einsetzte. Zwei Jahre später wurden Ratsmitglieder, denen ihr Gewissen verbot, zum reformierten Nachtmahl zu gehen, von der Wiederwahl ausgeschlossen. 1529 wurde dann der Kirchenzwang eingeführt, der Besuch des reformierten Gottesdienstes also zur allgemeinen Bürgerpflicht gemacht, und im Zusammenhang damit auch der Besuch auswärtiger Messen verboten. Der Höhepunkt der theokratischen Herrschaft eines christlichen Rates wurde mit dem großen Sittenmandat vom März 1530 erklommen, das die Bürger von Zürich unter ein strenges Sittenregiment stellte, während Zwingli immer mehr die Rolle eines alttestamentlichen Propheten übernahm.

Johann Calvin (1509–1564), der von den Lehren Augustinus', Luthers und Zwinglis beeinflußt war, veröffentlichte im Jahre 1536 in Basel seine eigene Glaubenslehre, die *Institutio religionis Christianae*. In ihr vertrat er eine rigorose Prädestinationslehre: Nach Gottes unerforschlichem Ratschluß seien die einen zum Heil erwählt, die anderen verworfen und zur Sünde geschaffen (Institutio III 21 ff.). Nach Calvins Regimentenlehre lenkt Gott die Menschen auf zweierlei Weise: durch das Regiment des Gewissens, das seinen Sitz im Herzen habe, und das Regiment des äußeren Zwanges, das die äußeren Sitten regle. Doch lägen die „zwei Reiche", in denen das eine oder das andere Regiment wirkt, im einzelnen Menschen: „Es gibt eben im Menschen gleichsam zwei Welten, in denen verschiedene Könige und verschiedene Gesetze regieren können"

(III 19). Auch das weltliche Regiment sei also von Gott. Die Regierenden seien zu Dienern der göttlichen Gerechtigkeit eingesetzt und sollten in ihrer Person „ein Bild der göttlichen Vorsehung und Wachsamkeit, Güte, Freundlichkeit und Gerechtigkeit vor Augen stellen", wie auch die menschlichen Gesetze das göttliche Gebot der Liebe widerspiegeln sollen, „so daß sie zwar in ihrer Form verschieden sind, aber den gleichen Sinn haben" (IV 20). Wie die Kirche habe daher auch das politische Gemeinwesen die Königsherrschaft Christi auf Erden zu verwirklichen.

Noch im Jahr 1536 wurde Calvin zur Ordnung des Kirchenwesens in Genf berufen und organisierte dort die Kirche neu. Nach der Genfer Kirchenordnung von 1541 (Friedberg § 26 III) sollten die Gemeinden von Geistlichen, Doktoren, Ältesten und Diakonen geleitet werden, die das Wort Gottes verkünden, um öffentlich und im Einzelfall (*„en particulier"*) zu indoktrinieren (*„endoctriner"*), zu verwarnen, zu ermahnen, zu tadeln und brüderliche Korrekturen in die Wege zu leiten. Nach diesem Programm wurde mit der nachdrücklichen Hilfe Calvins in Genf eine Theokratie aufgerichtet, die ein sittenstrenges Regiment führte.

Während in den lutherischen Territorien das Kirchenregiment dem Landesherrn zufiel, stellte Calvin die Kirche durch das Gemeindeprinzip auf eigene Füße. So war ein Weg gefunden, sie aus der päpstlichen Hierarchie zu lösen und sie gleichwohl als kirchenrechtlich organisierte Gemeinschaft selbständig neben den Staat zu stellen. Damit war auch für die nichtkatholischen Kirchen eine Lebensform gefunden, unabhängig von einem staatlichen Kirchenregiment zu existieren. Die nach dem Gemeindeprinzip organisierte Kirche konnte auch in einem konfessionell neutralen, auch in einem kirchenfeindlichen Staat weiterleben. Calvin freilich hatte, wie gesagt, anderes im Sinn und wollte das Reich Christi auf Erden verwirklichen. – Die schweizerische Reformation wurde dadurch gestärkt und gefestigt, daß sich Zwinglianer und Calvinisten 1549 im *Consensus Tigurinus* über die Abendmahlslehre einigten. Auch innerhalb des Calvinismus klangen aber noch manche Meinungsgegensätze nach, wie in dem niederländischen Streit über die Prädestination.

Die schweizerische reformierte Lehre in ihrer calvinistischen Gestalt breitete sich rasch in Westeuropa aus und nahm ihren Weg über Frankreich und die Niederlande nach England und Schottland und fand auch in Deutschland Anhänger. In Frankreich faßte der Calvinismus vor allem im Adel und bei den Bürgerschaften der Städte Fuß, wo der Name „Hugenotten" – eine Verballhornung des Namens Eidgenossen – auf das Entstehungsland dieser Konfession hinwies.

In den Niederlanden verbreitete sich die Reformation zunächst unter dem Einfluß von Luthers Schriften, aber bald wurde die reformierte Anschauung – von Frankreich und der Schweiz herkommend – herrschend. Die politischen und religiösen Gegensätze zu dem spanischen Herrscher Philipp II. [Kap. 13a] führten zum Freiheitskampf der Niederlande, in deren Verlauf sich die sieben nördlichen Provinzen in der Utrechter Union von 1579 zusammenschlossen und von Spanien trennten – vorläufig 1581 und im Waffenstillstand von 1609 und endgültig im Westfälischen Frieden von 1648. 1566 organisierte sich die calvinistische Kirche auf der Synode zu Antwerpen und nahm die *Confessio Belgica* an, die zunächst (ein Gegenstück zur *Confessio Augustana*) als Rechtfertigungs- und Verteidigungsschrift gegenüber Philipp II. gedacht war.

Zu Beginn des siebzehnten Jahrhunderts kamen dem Leydener Professor Arminius Zweifel an Calvins Lehre von der unbedingten Prädestination; seine gemilderte Prädestinationslehre faßte wohl Uytenbogaert 1610 in fünf Artikel (Remonstranz), löste damit aber den entschiedenen Widerspruch des Leydener Professors Gomarus und anderer strenger Calvinisten aus. In dem aufkommenden Glaubensstreit standen auf der Seite der Arminianer der leitende Syndikus (Ratspensionär) der Provinz Holland, Oldenbarneveldt, und Hugo Grotius, der Generalfiscal dieser Provinz, und auf der Seite der stärkeren Gegenpartei Moritz von Oranien, der Statthalter der Generalstaaten. Die 1618 zur Beilegung des Streites einberufene Dordrechter Synode verurteilte die Lehre der Arminianer, auch wurden an die zweihundert Prediger abgesetzt. Oldenbarneveldt wurde 1619 im Zusammenhang mit dem Remonstrantenstreit (aber auch wegen anderer politischer Gegensätze zu Moritz) hingerichtet, Grotius 1619 zu lebenslanger Haft verurteilt, aus der er zwei Jahre später, in einer großen Bücher- und Wäschetruhe versteckt, von seiner Frau und einer getreuen Dienerin herausgeschmuggelt wurde. Ab 1630 wurden die Arminianer und mit ihnen eine freiheitlichere Suche nach der theologischen Wahrheit wieder geduldet. Staatsreligion in den Niederlanden wurde der Calvinismus, doch wurden Katholiken, Judengemeinden und allerlei Sekten geduldet, und auch freien Geistern wie Baruch Spinoza wurde eine Heimat gewährt.

In Schottland gewann das reformierte Bekenntnis um die Mitte des sechzehnten Jahrhunderts rasch an Boden. Dort trugen die absolutistischen Bestrebungen Jakobs V. (1513–1542) dazu bei, die schottischen Barone in die Arme der Reformer zu treiben. John Knox (1505–1572), der „schottische Moses", half mit seiner Beredsamkeit nach. In den Streit der Konfessionsparteien verstrickt, geriet er 1547 auf eine französische Galeere, dann führte sein Weg nach England, anschließend, während der Restauration unter Maria der Katholischen, in das Genf Calvins und später – auch unter Elisabeth war er kein gern gesehener Gast – nach Schottland zurück. Dort wurde 1560 durch Parlamentsbeschluß die Schottische Konfession angenommen. Die schottische Kirche wurde presbyterianisch organisiert und nahm Revanche für die vorangegangenen katholischen Verfolgungen. Jakob VI. (der nachmalige Jakob I. von England), Sohn der Maria Stuart, drängte später der schottischen Kirche Bischöfe auf und machte diese zu Werkzeugen seines Versuchs, ein absolutistisches Regime zu errichten. Gegen Ende des ereignisreichen siebzehnten Jahrhunderts war die schottische Kirche presbyterianisch. In den folgenden Jahrhunderten spaltete sie sich in verschiedene Gruppierungen auf.

In Deutschland gingen die Kurpfalz unter Friedrich III. (1560), Ostfriesland und mehrere west- und mitteldeutsche Territorien zum reformierten Bekenntnis über. 1563 entstand der Heidelberger Katechismus; er übernahm nicht die starre Prädestinationslehre Calvins und wurde zur wichtigsten Bekenntnisschrift der deutschen Reformierten. Am Niederrhein wurden – auch in katholischen Territorien – reformierte Gemeinden gebildet, vor allem durch Flüchtlinge aus den Niederlanden, nachdem dort die Rekatholisierungspolitik Philipps II. eingesetzt hatte. In Brandenburg wechselte Johann Sigismund 1613 zum reformierten Bekenntnis, ohne aber den lutherischen Bekenntnisstand seiner Untertanen anzutasten. In manchen Gebieten wurden Elemente der reformierten, presbyterialen Kirchenordnung auch in die lutherischen Kirchenverfassungen übernommen, andererseits hielten auch Landesherren reformierten Bekenntnisses an ihrem Kirchenregiment fest (Friedberg § 26 IV).

Nachweise in: v. Hase, §§ 296 f., 308 f., 317 ff.; *Friedberg,* § 26; *Heussi,* §§ 82 f., 92; *A. Farner,* Die Lehre von Kirche und Staat bei Zwingli, 1930; *Schmidt,* § 41; *RGG Artikel:* Arminianer, Calvin, Knox, Presbyterianer I, Reformierte Kirche I, Schottland I, Zwingli; *TRE Artikel:* Arminius, Calvin, Consensus Tigurinus, Knox.

b) Die anglikanische Kirche

In England vollendeten sich die schon angebahnten [Kap. 7 b] nationalkirchlichen Bestrebungen unter Heinrich VIII. (1509–1547). Der hatte einst von Leo X. den Ehrentitel *Defensor fidei* erhalten, weil er ein gegen Luther gerichtetes Buch zur Verteidigung der sieben Sakramente, die *Assertio Septem Sacramentorum* (1521), verfaßt hatte, und führte stolz diesen Ehrentitel eines Verteidigers des rechten Glaubens weiter, als er sich von Rom getrennt hatte und 1535 vom Papst exkommuniziert worden war (M/A Nr. 814). Den äußeren Anstoß zum Bruch mit dem Papst war dessen Weigerung, die erste Ehe Heinrichs für ungültig zu erklären. Als sich in dieser, Heinrich heftig beschäftigenden Sache keine gütliche Lösung finden ließ und seine Favoritin Anna Boleyn schwanger war, ging Heinrich zügig voran: Anfang 1533 erhob er Thomas Cranmer zum Erzbischof von Canterbury und erreichte dazu die päpstliche Bestätigung; dann erwirkte er die Zustimmung des Parlaments zu einer *Act in restraint of Appeals* (S/M Nr. 74 B), die es verbot, in Ehesachen gegen Entscheidungen eines erzbischöflichen Gerichts an Rom zu appellieren; anschließend schied Cranmer als Herr des obersten Gerichts der englischen Kirche die Ehe Heinrichs. Die Trennung von Rom wurde durch die Suprematsakte von 1534 (S/M Nr. 74 G) vollendet: Der König wurde zum obersten Bischof der neuen anglikanischen Staatskirche erklärt; er sollte befugt sein, die Bischöfe zu ernennen und kirchliche Gesetze zu bestätigen. Klerus, Adelige und Bürger wurden verpflichtet, sich durch Eid der Suprematsakte zu unterwerfen. Wer sich weigerte, konnte gleich dem großen Humanisten Thomas More und dem Erzbischof John Fisher aufs Schaffott geraten. Die dogmatische Grundlage der anglikanischen Kirche wurde zunächst in den Zehn Artikeln von 1536, dann in den Sechs Artikeln von 1539 (S/M Nr. 74 M) festgelegt. Es folgte das englische Klostersterben: Thomas Cromwell, der Schatzkanzler Heinrichs VIII. und Generalvikar der anglikanischen Kirche, begann damit, im Namen des Königs kleinere Klöster einzuziehen; 1539 wurde dann durch Gesetz die Auflösung der größeren Klöster verfügt und deren Besitz der Krone zugesprochen (S/M Nr. 74 L).

Heinrichs Sohn, Eduard VI., kam 1547 mit neun Jahren auf den Thron und starb mit sechzehn. Während seiner Regierungszeit wurde vor allen durch Erzbischof Cranmer versucht, der anglikanischen Kirche und ihrem Bekenntnis eine verbindliche Gestalt zu geben: insbesondere durch die Uniformitätsakte von 1549 und 1552 (S/M Nr. 77) und das *Common Prayer Book* in seiner eher „altkirchlichen" (1549) und seiner stärker „calvinistischen" (1552) Version. Reformierte und lutherische Gedanken fanden nun – zumal durch Cranmers Einfluß und mit Bucers Hilfe – Eingang in die Glaubensgrundlagen der neuen englischen Nationalkirche, die nun den Namen einer Church of England trug; Bischofsamt, Weihe und traditionelle Liturgie wurden aber beibehalten.

Als Eduard kinderlos starb, folgte ihm 1553 seine Halbschwester aus der ersten Ehe Heinrichs VIII., Maria die Katholische, auf den Thron. Während ihrer fünfjährigen Regierung versuchte sie – die Gemahlin Philipps II. von Spanien – gewaltsam die Wiederherstellung des Katholizismus (S/M Nr. 78 A, C) und schickte neben anderen auch Cranmer, der die Ehe ihrer Mutter für ungültig erklärt hatte, auf den Scheiterhaufen.

Nach ihrem Tod bestieg ihre Halbschwester Elisabeth I. (1558–1603) den englischen Thron und stellte die anglikanische Kirche wieder her. Die Königin war demnach Oberhaupt „sowohl in allen geistlichen oder kirchlichen als auch in den weltlichen Angelegenheiten"; so bestimmte es die Suprematsakte von 1559 (S/M Nr. 81 A). Die Uniformitätsakte von 1559 (S/M Nr. 81 B) drohte denen, die sich nicht in die Ordnung der anglikanischen Kirche fügten, mit Strafen. Die Glaubensartikel der anglikanischen Kirche wurden 1563 durch eine – unter der Autorität der Krone tagende – Konvokation des Klerus revidiert und in 39 Artikeln zusammengefaßt. Glaubensgrundlage sollte die Heilige Schrift sein, die Rechtfertigung sollte aus dem Glauben geschehen, aus dem gottwohlgefällige Werke entspringen; Häupter der Kirche blieben die Krone und ihr nachgeordnet die Bischöfe als die ersten Barone des Reichs. – Pius V. bannte im Jahr 1570 Elisabeth, erklärte sie für abgesetzt und entband ihre Untertanen von ihrem Treueid (M Nr. 491); doch verhallten diese – einst gegen Heinrich IV. so wirkungsvoll eingesetzten [Kap. 5] – Worte machtlos. Im November 1580 (noch lebte Maria Stuart) berichtete der spanische Nuntius Sega der Kurie von einem geplanten Anschlag auf das Leben der Königin Elisabeth, worauf Kardinal Tolomeo Gallio ihm schrieb: „Wenn diese englischen Kavaliere sich wirklich zu einem so schönen Unternehmen entschließen, so kann Eure Herrlichkeit ihnen versichern, daß sie keiner Sünde verfallen. Auch ist auf Gottes Gnade zu hoffen, daß sie aller Gefahr entgehen" (M Nr. 494).

Die anglikanischen Glaubensgrundlagen waren auch für Irland verbindlich; doch hielten die Iren mit zäher Beharrlichkeit am römisch-katholischen Glauben fest und litten hart unter dem staatlichen Anspruch, über den rechten Glauben der Untertanen zu befinden. Der immer wieder aufbegehrende irische Widerstand wurde niedergeworfen, große Ländereien wurden an Engländer vergeben, Kirchengüter von der anglikanischen Hierarchie in Beschlag genommen, neben welcher die Iren ihre katholischen Geistlichen oft kärglich unterhielten.

Eine weitere Glaubensspaltung hatte sich durch den nach England übergreifenden Calvinismus angebahnt. Schärfe erhielt sie durch die einst – unter Maria der Katholischen – verfolgten Puritaner. Sie nahmen Anstoß an den Vorrechten der Bischöfe, am Gepränge des Kultus und an der Abhängigkeit der Kirche vom Staat. Für all das fand man keine Grundlage in der Heiligen Schrift. So wollte man die bischöfliche Verfassung durch eine auf dem Gemeindeprinzip beruhende Presbyterialverfassung ersetzen. Elisabeth suchte die Glaubenseinheit zu wahren; die erwähnte Uniformitätsakte von 1559 bedrohte auch die Puritaner, die sich der Staatskirche nicht einordnen wollten (und deshalb später „Dissenter" und „Nonkonformisten" hießen). Eine Verschärfung brachte das Gesetz gegen Sektierer und Papisten von 1593 (S/M Nr. 81 F, G), auf das hin nicht wenige Puritaner zu ihren Glaubensbrüdern in den Niederlanden gingen. Gleichwohl erhielten und vermehrten sich auch in England presbyterial verfaßte Gemeinden. Unter Elisabeths Nachfolger, Jakob I. (1603–1625), wurden den Puritanern die erbetenen kirchlichen Freiheiten auf der Kirchenversammlung von Hampton Court (1604) versagt. Auch unter ihm und seinem Sohn, Karl I. (1625–1649), wanderten Puritaner ihres Glaubens wegen zunächst in die Niederlande und später nach Nordamerika aus.

Zu der Zeit, als der Dreißigjährige Krieg Deutschland verheerte, brach auch in England ein Glaubenskrieg aus. Während der König und der Adel die Bischofskirche zu halten versuchten, setzten sich im Parlament die Puritaner durch. Der Konflikt des Königs mit dem 1640 einberufenen Langen Parlament führte in den Bürgerkrieg. Nach der Niederlage Karls und seiner Enthauptung wurde England vorübergehend Republik (1649).

1653 wurde Oliver Cromwell, der Führer der Independenten und ihrer Ironsides, Lord Protektor mit diktatorischen Vollmachten. Er schlug zwar den irischen Aufstand mit großer Härte nieder, regierte England aber mit weitgehender religiöser Toleranz.

Nach Cromwells Tod berief das Parlament Karl II. (1660–1685), den Sohn des enthaupteten Königs, auf den Thron. Die anglikanische Bischofskirche wurde wieder hergestellt (S/M Nr. 114 K) und dem *Common Prayer Book* eine bis 1965 verbindliche Fassung gegeben (1662). Die Andersgläubigen, die man jetzt *Dissenters* nannte, wurden unterdrückt, ein neuer Strom von Puritanern zog nach Nordamerika. Die Testakte von 1672 (M Nr. 533) schloß Katholiken und puritanische Dissenters von öffentlichen Ämtern aus und bestimmte, daß ein bürgerliches oder ein militärisches Amt nur bekleiden könne, wer den König als Oberhaupt der Kirche anerkannte und sich gegen die katholische Abendmahlslehre erklärte. 1685 bestieg Jakob II. den Thron. Seine Rekatholisierungspolitik und insbesondere seine Versuche, die Testakte durch Dispense außer Wirkung zu setzen, führten zur „Glorreichen Revolution" von 1688, in deren Verlauf Wilhelm von Oranien und seine Gemahlin, die Tochter Jakobs, auf den englischen Thron berufen wurden. Die Toleranzakte von 1689 (S/M Nr. 120 D) gab immerhin den protestantischen Nonkonformisten ein Recht auf eigenen Gottesdienst. Ein Aufstand der katholischen Iren wurde aber mit Gewalt unterdrückt. Der Staat kommandierte weiterhin über die Religion. Erst im Jahre 1828 wurde die Testakte aufgehoben (S/M Nr. 127 B); damit wurden auch Männer, die nicht der anglikanischen Staatskirche angehörten, zu öffentlichen Ämtern zugelassen; die volle staatsbürgerliche Gleichstellung der Katholiken wurde erst 1829 verfügt (S/M Nr. 128 C).

Nachweise in: v. Hase, §§ 323, 324, 376, 430; *J. Hatschek,* Englische Verfassungsgeschichte, 1913, §§ 39, 52; *Heussi,* § 84; *Schmidt,* § 42; *K. Kluxen,* Geschichte Englands, 4.Aufl.1991, *RGG Artikel:* Anglikanische Kirche, Dissenters, Irland, Kongregationalismus, Puritaner; *TRE* Artikel: Cranmer, Kirche von England, Kongregationalismus.

11. Verselbständigungstendenzen in den katholisch bleibenden Gebieten

Die Parole „los von Rom" galt aber nicht nur dort, wo neue Konfessionen entstanden und völlig aus der katholischen Kirche herausbrachen. Das Streben, sich von päpstlichen Einflüssen unabhängig zu machen, regte sich mit dem aufkommenden Absolutismus auch in Staaten, die in der katholischen Glaubensgemeinschaft blieben.

a) Der Gallikanismus

In Jahrhunderten hatte sich Frankreich die gallikanischen Freiheiten errungen [Kap. 7a]. Seit der Pragmatischen Sanktion von Bourges verdichteten sie sich zu einem französischen Nationalkirchentum: mit einem maßgeblichen Einfluß des Königs auf die Besetzung der höheren Kirchenämter, einer Möglichkeit, gegen kirchliche Entscheidungen an das Pariser Parlament zu appellieren, und staatlichem Placet. Im Konkordat von 1516 [Kap. 8b] bestätigte Papst Leo X. dem französischen König, Franz I. (1515–1547), dessen Nominationsrecht auf Bistümer, Abteien und Priorate und gestand den *appel comme d'abus* zu. Damit war dem König mit Zustimmung der Kurie eine weitgehende Herrschaft über die französische Kirche zugewachsen. Die Souveränität – in der Bodin sechzig Jahre später das wesentliche Merkmal des Staates fand – erhob ihr Haupt auch gegenüber der Kirche.

Unter Ludwig XIV. (1643–1715) erging im Jahr 1682 die *Declaratio cleri gallicani* (M Nr. 535). Diese Erklärung der gallikanischen Freiheiten legte mit Gesetzeskraft Grenzen der päpstlichen Gewalt fest: Der Papst hat von Gott nur Gewalt in geistlichen Dingen erhalten; daher sind ihm Könige und Fürsten in weltlichen Dingen nicht unterworfen. Auch in geistlichen Dingen ist in Frankreich die päpstliche Gewalt durch die Superiorität des Konzils beschränkt, wie sie in den Beschlüssen des Konstanzer Konzils zum Ausdruck kam [Kap. 8a, b]. Die Ausübung der päpstlichen Gewalt ist an die geheiligten Canones, daneben aber auch an die seit alters bestehenden Grundsätze, Gewohnheiten und Einrichtungen der Gallikanischen Kirche gebunden. In Glaubenssachen entscheidet der Papst. Seine Entscheidungen sind aber nur dann unabänderlich, wenn ihnen die Gesamtkirche zugestimmt hat (ein Angriff gegen die oberste Lehrgewalt des Papstes).

Der Papst setzte sich verständlicherweise gegen dieses königliche Edikt heftig zur Wehr und erreichte auch tatsächlich, daß Ludwig XIV. durch Handschreiben auf die Durchführung der Deklaration verzichtete – freilich nur gegen Duldung seiner Regalien (1691). So änderte sich praktisch nicht viel; es blieb dabei, daß der König das Haupt des gesamten politischen Gemeinwesens, einschließlich der Kirche, war: *„En France le roi est chef de tout le corps politique, dont l'église est membre"* (Feine S. 441).

Dieser Auffassung entsprang es auch, daß man das Kirchengut als Besitz der Krone ansah. Demgemäß sprach man dieser das Recht zu, das Kirchengut bei Bedarf an sich zu ziehen. Tatsächlich hob man, um der Finanznot des Staates abzuhelfen, zahlreiche Klöster und religiöse Häuser auf und zog ihr Vermögen ein.

Der französische Absolutismus tat auch schon vor der großen Revolution [Kap. 14a] erste Schritte zur Zivilehe: Man unterschied zwischen Ehevertrag und Ehesakrament und sprach dem Staat die Befugnis zu, den Ehevertrag zu regeln. 1787 wurde Nichtkatholiken die Möglichkeit eingeräumt, eine Zivilehe einzugehen (Friedberg § 154).

Die gallikanische Form des staatskirchenrechtlichen Absolutismus wurde mit Modifikationen auch in anderen romanischen Staaten – in Spanien, Portugal, Sizilien und Sardinien – übernommen.

Nachweise in: Feine, § 44 I; Ebers, § 56.

b) Der Josephinismus

Schon früher hatten katholische Landesherren das alte Recht der Advocatie, der Schutzherrschaft über die Kirche [vgl. Kap. 4a], in Anspruch genommen. Mit dem Erstarken der Territorialgewalten wurde zunehmend eine aus der landesherrlichen Souveränität fließende Herrschaft über die Kirche geltend gemacht [Kap. 7c]. Man unterschied zwischen den rein geistlichen Dingen – den Spiritualien – und den zeitlichen Angelegenheiten der Kirche – den Temporalien – und sprach diese voll der staatlichen Gewalt zu. Auch behielt sich der Staat vor, gemischte Angelegenheiten (*res mixtae*) zu regeln.

Maria Theresia (1740–1780) nahm kraft ihres Schutzauftrages für die Kirche, als *suprema advocata ecclesiae* – noch in weitgehendem Einvernehmen mit der Kirche – das Recht in Anspruch, das Klostervermögen staatlicher Aufsicht zu unterstellen und Vorschriften über die Gründung von Klöstern, über das Profeßalter und die Klausur zu erlassen, für die Disziplin des Klerus zu sorgen und das theologische Studium zu regeln.

Demgegenüber nahm ihr Sohn, zeitweiliger Mitregent und Nachfolger Joseph II. (1765–1790) kraft seiner Souveränität [Kap. 12] über das schon bestehende Nominationsrecht [Kap. 8b] hinaus maßgebenden Einfluß auf die Besetzung der Bistümer und der Pfarreien. Zeitweilig ließ er die Geistlichen in staatlichen Generalseminaren ausbilden. Die Religion wurde als Erziehungsmittel und die Kirche als staatliche Erziehungsanstalt angesehen, kurz, Religion und Kirche wurden Mittel zum Zweck. Das entsprach der akademischen These von v. Sonnenfels: „Die Religion ist das wirksamste Mittel, den sittlichen Zustand auszubilden. Die weltliche Gesetzgebung würde in manchen Stücken unzureichend sein, wenn das Band der Religion und ihre Strafen nicht die Hände böten: daher sie in der Polizei nicht als Endzweck, sondern als ein Mittel nicht aus den Augen gelassen werden kann" (Friedberg § 19 II). Die Geistlichen wurden daher als Staatsbedienstete behandelt. So hieß es noch in einer Verordnung Leopolds II. (1790–1792) von 1792: „Ist der Geistliche zugleich Seelsorger, was er allezeit sein soll, so muß er nicht nur, als Priester und Bürger, sondern auch, da die Verwaltung der Seelsorge unbeschränkten Einfluß auf die Gesinnung des Volkes hat, und an den wichtigsten politischen Einrichtungen mittelbar oder unmittelbar Theil nimmt, als ein Beamter des Staates in der Kirche angesehen werden; woraus von selbst folgt, daß die Aufsicht über die Verwaltung der Seelsorge [...] nicht dem bischöflichen Konsistorium allein, sondern zugleich der öffentlichen Verwaltung zusteht" (Friedberg aaO.). Den Papst sah man als „ausländischen Kirchenoberen" an, der sich in die Angelegenheiten eines souveränen Staates nicht einzumischen hatte. Unvernünftiges wollte Josef beseitigen; daher wurden die rein kontemplativen Mönchsorden als nutzlos aufgehoben, die Ausstellung von Reliquien verboten und in der Kirche vernünftige Gesänge eingeführt. Daß dabei gewachsene und tief im Volk verwurzelte Traditionen mit auf der Strecke blieben, war ihm in seinem Eifer entgangen. Übrigens wurde das Vermögen der aufgehobenen Klöster zu einem Religionsfonds zusammengefaßt, einem Zweckvermögen, das im kirchlichen Eigentum blieb, aber unter staatlicher Verwaltung stand, und – sehr vernünftig – nun ausschließlich der Seelsorge, der Caritas und dem Unterricht zu dienen hatte.

Nachweise in: Feine, § 45 II; *Ebers*, § 59; *EvStL* Artikel: Josephinismus; *HRG* Artikel: Josephinismus; *TRE* Artikel: Josephinismus.

c) Der Febronianismus

Bedeuteten Gallikanismus und Josephinismus die weitgehende Übernahme der Kirchengewalt durch die weltlichen katholischen Landesherren, so bezeichnet der Febronianismus ein aus dem Schoße der Kirche selbst entstandenes Streben nach Selbständigkeit. Die geistlichen Fürsten in Deutschland waren zugleich Landesherren. Als solche betrachteten sie sich, wie andere Fürsten, als Souveräne und gerieten damit in einen

Gegensatz zu dem Anspruch des Papstes auf den Primat in der kirchlichen Hierarchie. So kam auch von dieser Seite ein Angriff gegen das Papalsystem, hier mit dem Ziel, die Unabhängigkeit der Bischöfe zu stärken. Dieser *Episkopalismus* fand in Deutschland einen Wegbereiter in Bernhard van Espen, der Professor an der Universität Löwen war. Seinen bekanntesten Vertreter fand der Episkopalismus in dem Trierer Weihbischof Johannes Nikolaus von Hontheim. 1763 ließ dieser seine Schrift *De statu ecclesiae et legitima potestate Romani Pontificis* unter dem Decknamen Justinus Febronius erscheinen und gab damit der ganzen Richtung den Namen Febronianismus. In dieser Schrift bestritt er dem Papst den angemaßten Primat und forderte, die altchristliche Kirchenverfassung wiederherzustellen und den Bischöfen und Konzilien ihre Rechte wieder zu geben. Hontheim begründete dies mit der Unechtheit der Constantinischen Schenkungsurkunde und damit, daß die Pseudoisidorischen Decretalen auch darüber hinaus zum großen Teil als Fälschungen erwiesen seien [Kap. 4 b], und berief sich auf die Dekrete des Konstanzer und des Baseler Konzils [Kap. 8 a, b]. Christus habe der ganzen Kirche die Kirchengewalt verliehen. Diese werde von den Bischöfen ausgeübt. Der Papst sei nur der Erste unter Seinesgleichen und habe als *primus inter pares* keine Jurisdiktionsgewalt über die anderen Bischöfe. Auch sei er in Glaubenssachen nicht unfehlbar. Lediglich ein Ehrenvorrang komme ihm zu und das damit verbundene Amt, auf die Einheit der Kirche und die Reinheit der Lehre zu achten.

Zwanzig Jahre nach dem Erscheinen dieses Buches traf das Papalsystem sogar auf einen organisierten Widerstand der deutschen Erzbischöfe. Im Jahre 1785 errichtete der Papst auf Bitte des bayerischen Kurfürsten Karl Theodor in München eine ständige Nuntiatur. Darin erblickten die deutschen Bischöfe einen Gegenzug gegen die episkopalistische Bewegung und befürchteten, daß der Nuntius in ihre Jurisdiktion übergreifen werde. Um dem zu begegnen, trafen sich die drei rheinischen Erzbischöfe zusammen mit dem Erzbischof von Salzburg im folgenden Jahr (1786) in Bad Ems und proklamierten hier die Emser Punktation (M Nr. 553). In ihr wurde, wie von Hontheim, der umfassende Jurisdiktionsprimat des Papstes bestritten. Nur ein Ehrenvorrang und die Sorge für die Einheit der Kirche wurden diesem zugestanden. So hieß es in der Einleitung zur Emser Punktation: „Der römische Papst ist und bleibt zwar immer der Oberaufseher und Primas der ganzen Kirche, der Mittelpunkt der Einigkeit, und ist von Gott mit der hiezu erforderlichen Jurisdiktion versehen. Alle Katholiken müssen ihm immer den kanonischen Gehorsam mit voller Ehrerbietung leisten. Allein, alle andern Vorzüge und Reservationen, die mit diesem Primate in den ersten Jahrhunderten nicht verbunden, sondern aus den nachherigen Isidorianischen Dekretalen zum offenbaren Nachteil der Bischöfe geflossen sind, können jetzt, wo die Unterschiebung und Falschheit derselben hinreichend erprobt und allgemein anerkannt ist, in den Umfang dieser Jurisdiktion nicht gezogen werden. Diese gehören vielmehr in die Klasse der Eingriffe der römischen Kurie, und die Bischöfe sind befugt, sich selbst in die eigene Ausübung der von Gott ihnen verliehenen Gewalt, besonders, da keine dahin abzweckende Vorstellungen bei dem päpstlichen Stuhle bis nun gewirket haben, unter dem höchsten Schutze Sr. Kaiserl. Majestät wieder einzusetzen." Sogar das Programm einer deutschen Nationalkirche wurde entworfen, die unter dem Schutz des Kaisers stehen sollte. Um sie zu verwirklichen, sollte der Kaiser ein deutsches Nationalkonzil einberufen.

Doch die Diskussion über eine katholische deutsche Nationalkirche ging im Kanonendonner der französischen Revolutionskriege unter. Die rheinischen Bischöfe, die das Herz des deutschen Episkopalismus waren, mußten den französischen Revolutionsheeren weichen. Die staatskirchenrechtliche Entwicklung wurde in ganz neue Bahnen gelenkt.

Nachweise in: Feine, § 44; *Ebers,* § 60; *Erler,* Kap. 20; *HRG* Artikel: Febronius, Wessenberg; *TRE* Artikel: Episkopalismus, Febronius.

12. Staatskirchenrechtliche Konzeptionen der Neuzeit

a) Theorien über die Kirchengewalt

Wie einst die politischen Kräfte und der Zeitgeist des Mittelalters in grundsätzlichen Vorstellungen über das Verhältnis von Staat und Kirche Ausdruck fanden [Kap. 6b], so war auch ihr Wandel in der frühen Neuzeit von staatskirchenrechtlichen Leitideen begleitet.

Luther griff die Augustinische Unterscheidung von den zwei Reichen [Kap. 2b] wieder auf: Die Menschheit teile sich „in zwei Teile": Die einen gehörten „zum Reich Gottes, die andern zum Reich der Welt". Zum Reich Gottes gehörten alle, die „den Heiligen Geist im Herzen haben, der sie lehret und macht, daß sie niemand Unrecht tun, jedermann lieben, von jedermann gern und fröhlich Unrecht leiden"; über sie regiere Christus „ohne Gesetz, allein durch seinen Heiligen Geist" (Von weltlicher Obrigkeit, 1523, I). Da aber niemand dem andern ins Herz sehen kann, sei diese Gemeinschaft der Gläubigen – die wahre Kirche – eine verborgene Kirche (WA 18, 652). Den größeren Teil bildeten aber die andern, die sich – „ob sie gleich alle getauft und Christen heißen" – nicht von selbst unter das Gebot der Gottes- und Nächstenliebe stellen (Von weltlicher Obrigkeit, I). – Dieser Zweiteilung der Menschheit entspreche zweierlei „Recht": Das „Recht" der wahren, aber verborgenen Kirche sei das Gebot der Gottes- und der Nächstenliebe, welches bewirke, daß die Christen „von ihnen selbst ungezwungen alles Gute" tun (aaO. II). Das weltliche Recht hingegen nötige die gottfernen Menschen durch obrigkeitlichen Befehl und den hinter ihm stehenden Zwang zu gemeinverträglichem Verhalten (aaO. I). Auch die weltliche Obrigkeit sei aber, wie Paulus sagt (Röm. 13, 1), von Gott: So seien die Herrscher „Gottes Stockmeister und Henker, und sein göttlicher Zorn gebraucht ihrer, zu strafen die Bösen und äußerlichen Frieden zu halten". Doch seien sie darauf beschränkt, für die äußere Ordnung zu sorgen. Der Glaube sei dem Zugriff der weltlichen Gewalt entzogen: „Darum, wo weltliche Gewalt sich vermißt, der Seele Gesetz zu geben, da greift sie Gott in sein Regiment" (aaO. II). Da in der organisierten Kirche nach Luthers Verständnis Christen und Scheinchristen vereint sind, ergab sich zunächst ohne Widerspruch die Aufgabe der Landesherrn, auch für die äußere Ordnung der Kirche zu sorgen. Wie aber, wenn der äußere Frieden durch Streit über die biblische Wahrheit gestört wurde, wie durch die Schwärmer und Täufer? Mußte dann nicht die weltliche Ordnungsgewalt um des Friedens willen bestimmen können, was als die biblische Wahrheit zu gelten habe, und damit in den geistlichen Bereich übergreifen? Dieser Stachel wurde den evangelischen Theologen und Juristen ins Fleisch gepflanzt. Die Frucht ihres Nachdenkens war die Vorstellung von der landesherrlichen cura religionis [Kap. 9 d], die sich mit der evangelischen Episkopaltheorie verband. Diese wurde später durch die Territorial- und die Kollegialtheorie abgelöst.

Nach der evangelischen Episkopaltheorie – die nicht mit dem klerikalen Episkopalismus [Kap. 11 c] zu verwechseln ist – hat der Landesherr bischöfliche Gewalt, kraft deren er sein Kirchenregiment ausübt (Matthias Stephani): Durch den Augsburger Religionsfrieden sei kraft Reichsrechts die Jurisdiktion der katholischen Bischöfe über die Evangelischen suspendiert worden; diese bischöfliche Gewalt sei auf die Landesherren übergegangen. Durch das bischöfliche Amt der evangelischen Fürsten über ihre evangelischen Untertanen wurde auch dem Landesherren ein legitimer Anteil am christlichen Leben zugedacht. Diese Gedanken konnte man in die reformatorische Dreiständelehre einfügen, nach der nicht nur dem geistlichen Stand (dem *status ecclesiasticus*), sondern auch dem Herrscherstand (dem *status politicus*) und dem Hausstand (dem *status oeconomicus*) ein Anteil am christlichen Leben gebührte. Auf diesem Wege konnte auch der Herrscherstand in die christliche Ordnung einbezogen werden (Johannes Gerhard): Der Herrscher teilte sich mit dem geistlichen Stand in das Amt, die Untertanen zu christlichem Leben zu leiten. Später ging das bischöfliche Amt des Fürsten nicht mehr klar unterscheidbar in der erstarkenden landesherrlichen Souveränität auf (Samuel Stryk, *De jure papali principum evangelicorum*, 1694) und lebte nun unter dem Namen eines „Summepiskopats" weiter.

Auf der Souveränitätsdoktrin beruhte denn auch die von Christian Thomasius und Justus Henning Boehmer vertretene Territorialtheorie: Der Staat habe die höchste Gewalt auf seinem Gebiet, kraft deren er Herrschaft auch über die in ihm ansässigen Körperschaften und somit auch über die Kirche ausübe. Deren Privilegien seien vom Staat abgeleitet. Der Landesherr habe seine Kirchengewalt nicht kraft seiner Stellung *in* der Kirche, sondern kraft seiner Stellung *über* der Kirche, nicht als *praecipuum membrum ecclesiae* [Kap. 9 d], sondern kraft seiner Staatsgewalt. Daher sei seine Kirchengewalt auch unabhängig von seinem Bekenntnis. – So gesehen erschien es problemlos, wenn in protestantischen Staaten mit katholischen Gebietsteilen die landesherrliche Kirchenhoheit auch über die katholische Kirche in Anspruch genommen wurde. Im protestantischen Preußen etwa bezeichneten sich der Große Kurfürst und seine Nachfolger auch den katholischen Untertanen gegenüber – in Anklang an die Episkopaltheorie – als Oberbischof (*summus episcopus*) und übten die Kirchengewalt auch über die katholische Kirche aus (Feine S. 513). Friedrich II. wahrte zwar in Glaubensdingen die Toleranz des aufgeklärten Herrschers [Kap. 13 d]; doch wenn es um die Ordnung der Kirche ging, duldete er keinen Widerstand gegen seinen Befehl. So wünschte er im Jahre 1743, daß im soeben eroberten Schlesien das Breslauer Domkapitel den Grafen Schaffgotsch als bischöflichen Koadjutor wählen sollte. Als das Domkapitel nicht parierte, schrieb ihm Friedrich den berühmt gewordenen Brief (Erler S. 50): „Le St. Esprit et Moy nous avon resolus ensemble que Le Prélat Schaffgotsch seroit élu Quadjuteur de Breslau, et Ceux de Vos Chanoines qui si oposeront, seront regardéz Comme des Ames Devouées a la Cour de Viene et au Diable, et qui résistent au St. Esprit Méritent la plus haute periode de Damnation Fr." („Der Heilige Geist und ich haben miteinander beschlossen, daß der Prälat Schaffgotsch zum Koadjutor von Breslau gewählt werden soll; und diejenigen unter Euch Kanonikern, die sich widersetzen, sollen als Seelen erachtet werden, die sich dem Wiener Hof und dem Teufel ergeben haben, und wer dem Heiligen Geist widersteht, verdient die längstmögliche Verdammnis Fr.") – Auf der Lehre von der Souveränität des Staates beruhten das Kirchenregiment des französischen Absolutismus [Kap. 11 a], der „Josephinismus" in Österreich [Kap. 11 b] und auch die staatskirchenrechtlichen Bestimmungen des preußischen Allgemeinen Landrechts (ALR II Tit. 11, §§ 17 ff.), in denen es hieß: „Sowohl öffentlich aufgenommene, als bloß geduldete Religions- und Kirchengesellschaften müssen sich in allen Angelegenheiten, die sie mit anderen bürgerlichen Gesellschaften gemein haben, nach den Gesetzen des Staats richten" (§ 27). „Die Privat- und öffentliche Religionsausübung einer jeden Kirchengesellschaft ist der Oberaufsicht des Staats unterworfen" (§ 32). Sind „Strafen zur Aufrechterhaltung der Ordnung, Ruhe und Sicherheit in der Kirchengesellschaft notwendig, so muß die Verfügung der vom Staat gesetzten Obrigkeit überlassen werden" (§ 53).

Die Kollegialtheorie – die der Tübinger Professor Christoph Matthäus Pfaff im achtzehnten Jahrhundert vertrat – versuchte, wenigstens für die innerkirchlichen Angelegenheiten den Kirchengemeinden eine Eigenständigkeit zu retten. Die innerkirchlichen Befugnisse (die *iura in sacra*) stünden originär der Gemeinschaft der Gläubigen zu. Sie habe zwar auch die innerkirchlichen Befugnisse einer Institution, wie der Hierarchie der römisch-katholischen Kirche, übertragen können. Doch habe diese die ihr anvertrauten Rechte mißbraucht; daher seien sie ihr wieder entzogen und in den evangelischen Staaten der weltlichen Obrigkeit delegiert worden. Das sei stillschweigend dadurch geschehen, daß „die Gemeinen sich gefreuet, da die Fürsten die Kirche reformieret und die iura sacrorum an sich zogen" (Friedberg § 25 II). Die innerkirchlichen Rechte sollten also in der Kirchengemeinde verwurzelt bleiben und von dieser zurückgefordert und zurückgenommen werden können. – Diese Gedanken sollten später eine neue Aktualität erlangen: zunächst, als 1918 das landesherrliche Kirchenregiment ein Ende fand und die evangelischen Kirchen auf sich selbst gestellt wurden [Kap. 17a], und mehr noch, als im Jahr 1934 die Barmer Theologische Erklärung den Anmaßungen des nationalsozialistischen Staates den Anspruch der Kirchengemeinschaft auf Eigenständigkeit entgegenhielt [Kap. 17 d].

Nachweise in: Friedberg, §§ 22, 25, 78; *Müller,* § 277; *J. Heckel,* Lex charitatis, 2. Aufl. 1973; *M. Heckel,* Staat und Kirche nach den Lehren der evangelischen Juristen Deutschlands in der ersten Hälfte des 17. Jahrhunderts, 1968; *S. Grundmann,* Kirche und Staat nach der Zwei-Reiche-Lehre Luthers, in: ders., Abhandlungen zum Kirchenrecht, 1969, S. 274 ff.; *v. Campenhausen,* § 7; *EvStL* Artikel: Cura Religionis, Episkopalsystem, Kollegialismus, Landesherrliches Kirchenregiment, Rechtstheologie Luthers, Territorialsystem, Zwei-Reiche-Lehre; *TRE* Artikel: Kirchenregiment.

b) Staatskirchenrechtliche Grundmodelle

Die staatskirchenrechtliche Entwicklung seit dem Zeitalter des Absolutismus führte vom Staatskirchentum zur Staatskirchenhoheit und nicht selten zur Trennung von Kirche und Staat.

Das Staatskirchentum ist das staatskirchenrechtliche System des Absolutismus. Hier fühlt sich der Staat nicht nur für das äußere Wohl seiner Untertanen, sondern auch für ihr Seelenheil verantwortlich. Frühformen landesherrlicher Kirchenherrschaft hatten sich schon in älteren Ansätzen zu einem Landeskirchentum [Kap. 7] und verstärkt etwa im England Heinrichs VIII. [Kap. 10 b] gefunden. Im aufkommenden Absolutismus schrieb sich der Staat das Recht zu, nicht nur nach dem Grundsatz *cuius regio eius religio* über die Konfession seiner Bürger zu bestimmen, sondern auch in den Kultus, die Kirchenzucht und andere innerkirchliche Angelegenheiten hineinzuwirken. Am Ende dieser Entwicklung wurde die Kirche als Staatsanstalt verstanden, die ihr Amt als Staatsaufgabe erfüllte, die Pfarrer waren Staatsdiener, die vom Monarchen ernannt wurden. Vielfach vermengten sich kirchliche und sonstige staatliche Aufgaben; so kam es vor, daß der Kirche nicht nur die Eheschließung und die Führung der Standesregister (nämlich der Kirchenbücher), sondern auch etwa die Ehegerichtsbarkeit, die Schulaufsicht und die Wohlfahrtspflege von Staats wegen übertragen wurden. – Fast unausweichlich mußte der Absolutismus mit dem Jesuitenorden zusammenstoßen: Der bedeutende Einfluß des Ordens in den katholischen Ländern, verbunden mit dem Ordensgelübde unbedingten Gehorsams gegenüber dem Papst, das heißt einer auswärtigen Macht, vertrugen sich schlecht mit der staatlichen Souveränität. In Portugal standen die Jesuiten im Verdacht, bei einem Indianeraufstand in Paraguay und bei einem Attentat auf den König die Hände mit im Spiel gehabt zu haben; 1759 wurden sie aus Portugal verbannt. Das Pariser Parlament erklärte 1762, die Verfassung des Ordens sei mit den Landesgesetzen unvereinbar. Auf den Vorschlag Ludwigs XV., den Orden zu reformieren, meinte Papst Clemens XIII., die Jesuiten sollten nur bleiben, wenn sie blieben, was sie waren: *„Sint ut sunt aut non sint".* 1764 wurde der Orden in Frankreich verboten. In Spanien gab im Jahr 1767 ein Aufruhr Anlaß zum Verbot des Jesuitenordens. Andere Staaten folgten dem Beispiel, bis sich der Papst im Jahr 1773 durch den Druck der Bourbonen gezwungen sah, den Jesuitenorden aufzuheben (M Nr. 548). Friedrich II. von Preußen tolerierte gleichwohl im Einvernehmen mit dem Papst weiterhin die Tätigkeit von Jesuiten in seinem Staat und ließ es sich nicht entgehen, den Papst mit der Bemerkung zu necken, daß das päpstliche Breve, das den Orden aufhob, über den König von Preußen keine Gewalt habe.

Das System der Staatskirchenhoheit geht, anders als das Staatskirchentum, von einem Dualismus von Staat und Kirche aus. Dies war im wesentlichen das staatskirchenrechtliche System im Deutschland des neunzehnten Jahrhunderts [Kap. 16 a]. Die staatliche Gewalt über die Kirchen lockerte sich nun zur bloßen Staatsaufsicht über die Kirchen. Dabei gewann die unklare [Kap. 16b] Unterscheidung zwischen äußeren und inneren Kirchenangelegenheiten Bedeutung: Als Kirchenhoheit (*iura circa sacra*) bezeichnete man die staatlichen Schutz- und Aufsichtsrechte über die äußeren Angelegenheiten der Kirchen, als Kirchenregiment (*iura in sacra*) die Befugnisse zur Regelung der innerkirchlichen Angelegenheiten. Im Staatskirchentum waren Kirchenhoheit und Kirchenregiment in der Hand des Landesherren vereint; im System der Staatskirchenhoheit zog sich die Staatsgewalt (nicht auch der evangelische Summepiskopat) auf die *iura circa sacra* zurück. – Dieser Rückzug des Staates aus den innerkirchlichen Angelegenheiten wurde nicht zuletzt durch territoriale Veränderungen nahegelegt; so wurden etwa im Gefolge der schlesischen Kriege, der Teilungen Polens und der Napoleonischen Kriege Bevölkerungen verschiedener Konfessionen im gleichen Staat vereinigt und verlangten auf längere Sicht eine paritätische Behandlung. Immer deutlicher erschien nun der Staat als Institution, die den verschiedenen, auf seinem Gebiet wirkenden Kirchen gegenüberstand.

Im System der Staatskirchenhoheit ist aber der Dualismus von Staat und Kirche noch unvollständig ausgeprägt. Die Kirchen behalten hier eine privilegierte Stellung: Sie sind als Körperschaften des öffentlichen Rechts anerkannt und haben ein öffentlich-rechtliches Besteuerungsrecht, zur Beitreibung der Kirchensteuern wird der staatliche Arm zur Verfügung gestellt, kirchliche Feiertage stehen unter gesetzlichem Schutz, und die Kirchen werden – insbesondere durch eine geistliche Schulaufsicht über den Religionsunterricht – am Unterrichtswesen beteiligt. – Die Kirchenhoheit erscheint hier (so weit sie über die allgemeine Vereinsaufsicht hinausgeht) als Korrelat dieser privilegierten Stellung der Kirchen und als Ausdruck des besonderen staatlichen Interesses an den Kirchen. Sie konnte sehr verschieden weit greifen; so wurden z.B. in Anspruch genommen: erstens das Placet des Landesherrn vor der Verkündung kirchlicher Verordnungen, zweitens der *recursus ab abusu*, d.h. die Berufungsmöglichkeit an den Staat zur Kontrolle, ob die kirchliche Rechtsprechung ihre Schranken nicht überschritt, drittens der gegen Rom gerichtete Ausschluß der Jurisdiktion ausländischer Instanzen, viertens die Überwachung des Verkehrs mit Rom, fünftens die staatliche Mitwirkung an der Ausbildung, Prüfung und Anstellung der Geistlichen, sechstens Nominationrechte für die Bischofswahl oder zum mindesten die Möglichkeit, sich gegen unwillkommene Bischöfe zu wehren, siebtens die Mitwirkung bei der Einrichtung und Abgrenzung der Diözesen und Pfarrsprengel, achtens die staatliche Genehmigung der Gründung von Klöstern, neuntens die staatliche Überwachung von Prozessionen und Wallfahrten und zehntens die Amortisationsgesetzgebung, die den kirchlichen Vermögenserwerb beschränkte. Nicht in allen Systemen der Staatsaufsicht wurde indessen von all diesen Befugnissen Gebrauch gemacht.

Die Trennung von Staat und Kirche ist die zweite, rigorosere Form eines staatskirchenrechtlichen Dualismus. Hier ist der Gedanke der religiösen Neutralität des Staates konsequent durchgeführt: Die Kirche wird als privatrechtliche Vereinigung behandelt, deren interne Rechtsverhältnisse durch eine Vereinssatzung geregelt sind. Das Kirchenmitglied ist Vereinsmitglied, das seine Kirche durch Spenden und Vereinsbeiträge finanziert, die nicht wie Steuern eingetrieben, sondern nur vor dem Zivilgericht eingeklagt werden können. Der Geistliche steht in einem privaten Dienstverhältnis zu seiner Kirche. Es gibt keine theologischen Fakultäten an staatlichen Universitäten und keinen Religionsunterricht in staatlichen Schulen. Der Staat übt über die Kirchen nur die allgemeine Vereinsaufsicht aus. Im übrigen läßt er ihnen freie Hand, ihre Angelegenheiten selbst zu ordnen und zu verwalten.

Diese rigorose Trennung wurde von katholischer Seite strikt abgelehnt [Kap. 17a]. Von anderen Religionsgesellschaften wurde sie mitunter sogar erstrebt: dann nämlich, wenn es darum ging, die Kirche aus staatlicher Bevormundung zu lösen. Mit diesem Ziel verlangten im England des siebzehnten Jahrhunderts die Independenten und die Quäker im Namen der religiösen Freiheit eine Trennung vom Staat. Dem entsprechend wurden in den Vereinigten Staaten von Nordamerika alle Ansätze zur Bildung einer *Established Church*, wie sie in England bestand, vermieden und jede Einmischung des Staates in religiöse Angelegenheiten verhindert; so bestimmte es auch das 1. Amendment zur US-Verfassung. Als eine New Yorker Schulbehörde ein überkonfessionelles Schulgebet einführen wollte, erklärte der Supreme Court das für unzulässig mit der Begründung, in jenem Zusatzartikel komme auch der Grundsatz zum Ausdruck, „daß Religion etwas zu Persönliches und Heiliges sei, als daß sie die ungeheiligte Version zuließe, die eine Behörde ihr gibt" (Engel v. Vitale, 370 U.S. 421 [1962]) – ein Gedanke, den die Independenten und John Locke vorgedacht hatten [Kap. 13 c].

Nicht aus dieser Haltung des weisen Nathan, sondern aus Gleichgültigkeit gegenüber der Religion, teils sogar mit kirchenfeindlicher Tendenz, haben Rationalismus, Liberalismus und Sozialismus [Kap. 17 a, e] die Trennung von Staat und Kirche verlangt. Grundton dieses Trennungsgedankens ist die Freiheit des Staates von der Kirche: einerseits Freiheit von der staatlichen Verantwortung für die Kirche, andererseits Freiheit von dem Einfluß der Kirche auf das staatliche Leben. – In solchem Sinne wurde die Trennung schon während der Französischen Revolution (von 1794 bis 1801) durchgeführt [Kap. 14 a]. Achtzig Jahre später, in der Blütezeit des Liberalismus und bald nach den Beschlüssen des Vatikanischen Konzils [Kap. 15 b], begann der Trennungsgedanke sich erneut in Frankreich durchzusetzen. Die Niederlassungen und Schulen der Jesuiten wurden aufgelöst, der Religionsunterricht in den öffentlichen Schulen wurde abgeschafft, die Ehescheidung erleichtert, die Befreiung der Geistlichen vom Militärdienst aufgehoben. Den Abschluß bildete das Trennungsgesetz vom 9.12.1905 (M Nr. 646). Die Kirche wurde ihrer öffentlich-rechtlichen Stellung beraubt. Die Unterstützung eines religiösen Kultus und die Besoldung der Geistlichen aus öffentlichen Mitteln wurden verboten. – In Italien vereinigten sich im neunzehnten Jahrhundert liberalistische Gedanken und politische Gründe zur Forderung einer Trennung von Staat und Kirche. Cavours Wort „*Libera chiesa in libero stato*" wurde zur

Kampfparole auch gegen die Weigerung des Papstes, den Kirchenstaat in die nationale Einigungsbewegung einfügen zu lassen [Kap. 15 c].

Nachweise in: Z. *Giacometti,* Quellen zur Geschichte der Trennung von Staat und Kirche, 1926; *Feine,* §§ 50 I, III, 52 III; *Ebers,* §§ 65, 69 Nr. 2; *Erler,* Kap. 19, 33; *EvStL* Artikel: Ius circa sacra, Laizismus.

13. Der lange Weg zur Religionsfreiheit

Es war ein beschwerlicher Weg, der von der Toleranz zur Glaubens- und Gewissensfreiheit und vom Gottesgnadentum zur Demokratie führte. Die Geburtsstunde der modernen Demokratie liegt nahe bei jener der Glaubens- und Gewissensfreiheit, das heißt der Freiheit zu religiöser Eigenverantwortung und Selbstorganisation und einer Absage an den weltanschaulichen Etatismus.

a) Anfänge und Rückschläge in Deutschland

In Deutschland schuf der Augsburger Religionsfrieden von 1555 [Kap. 9 c] noch keine Glaubensfreiheit, sondern nur eine „Glaubenszweiheit" (Anschütz): nur eine Wahlfreiheit zwischen der katholischen und der Augsburgischen Konfession. Diese Wahlfreiheit kam zudem nicht jedermann, sondern – als Landfriedensregelung – nur den Reichsständen zu. Ansätze zu einer Untertanenfreiheit bestanden aber in dem – nach Belieben der Reichsstände auszuübenden – *ius tolerandi* und im *beneficium emigrationis*, der „Rechtswohltat" der Emigration, welche das Toleranzproblem in ein Freizügigkeitsproblem abwandelte – immerhin ein bedeutender Gewinn, hierzulande nicht, wie im Spanien Philipps II. (1556–1598), in einem *auto da fé* („Akt des Glaubens") als Ketzer verbrannt zu werden; auch lag dieser Frieden siebzehn Jahre vor der französischen Bartholomäusnacht und einhundertdreißig Jahre vor dem Revokationsedikt Ludwigs XIV. [b].

Wie die Regelungen des Augsburger Religionsfriedens aus der Sicht vieler Betroffener aussahen, dafür gaben die österreichischen Erblande eines unter vielen Beispielen (Müller §§ 252 f.). Dort hatte sich der Protestantismus seit dem Beginn der Reformation stark verbreitet und erfuhr anfangs auch eine gewisse Duldung. Die Gegenreformation wurde zwar schon durch Kaiser Ferdinand I. (1556–1564) gefördert, doch wurde ihr Fortschreiten zunächst immer wieder durch die Türkengefahr verzögert, zumal die evangelischen Stände ihr Recht der Mittelbewilligung nützten, um religiöse Zugeständnisse zu erwirken. Maximilian II. (1564–1576) gewährte im Jahre 1568 dem niederösterreichischen Adel die freie Religionsausübung in den Kirchen, die diesem zugehörten, er bekräftigte diese Erlaubnis förmlich im Jahre 1571 und erstreckte sie bald auf den oberösterreichischen Adel. Rudolf II. (1576–1612) erhielt dieses Privileg zwar aufrecht, verhinderte aber fortschreitend den protestantischen Gottesdienst in den Städten Ober- und Niederösterreichs und machte sich auch daran, das Adelsprivileg einzuengen. In Böhmen und in Ober- und Niederschlesien sah er sich jedoch genötigt, durch Majestätsbriefe den Ständen die Freiheit zur Ausübung der Augsburgischen Konfession zu gewähren (1609; R Nr. 16). Mittlerweile hatte Erzherzog Ferdinand von der Steiermark seit 1598 in seinen innerösterreichischen Erblanden den Protestantismus fast völlig unterdrückt; die von ihm eingesetzten Reformationskommissionen betrieben die Rekatholisierung mit großer Härte und zwangen Widerspenstige zur Auswanderung. Nach Kaiser Matthias (1612–1619) suchte er dann als dessen Nachfolger die Gegenreformation in den gesamten habsburgischen Ländern rücksichtslos durchzusetzen. Noch zu Lebzeiten von Matthias war er zum König von Böhmen gekrönt worden (1617). Die Erbitterung der protestantischen Stände über die Verletzung des böhmischen Majestätsbriefes entlud sich im Aufstand von 1618, der in den Dreißigjährigen Krieg führte. Nach der Schlacht am Weißen Berg (1620) wurde die Rekatholisierung Böhmens betrieben, in deren Gefolge an die hundertfünfzigtausend Protestanten das Land verließen. In Oberösterreich verfügte im Jahr 1625 die bayerische Besatzung die Austreibung der nicht bekehrungswilligen Evangelischen. Das führte zu einem Bauernaufstand (1626), der in einer Reihe blutiger Treffen zusammenbrach und einen Landstrich entvölkert, verwüstet und verarmt zurückließ. Als Oberösterreich im Mai 1628 wieder in österreichischen Besitz übergegangen war, wurde allen Evangelischen befohlen, außer Landes zu gehen.

Der Westfälische Frieden (1648) fügte dem Augsburger Landfrieden wenig Neues hinzu: Das *ius reformandi* der Landesherren wurde nun auch zugunsten der reformierten Konfession gewährt. Auch die Toleranz gegenüber den Untertanen wurde in einigen Hinsichten erweitert [Kap. 9 e].

Immer noch gab es aber, besonders in Österreich, nachdrückliche Maßnahmen zur Rekatholisierung. 1650 nahmen Reformationskommissionen ihr Werk wieder auf, vor allem in Niederösterreich, wo es noch zahlreiche evangelische Grundherrschaften und Untertanen gab. Das Reformationspatent Ferdinands III. (1637–1657) von 1652 ließ nur die Wahl zwischen Bekehrung und Emigration. Eine neue Welle von Exulanten kam in die protestantischen Gebiete, vor allem auch Frankens, die ihnen nach dem Aderlaß des großen Krieges gern eine neue Heimat boten. – Im Erzbistum Salzburg waren seit dem sechzehnten Jahrhundert stille Gemeinden der Protestanten geduldet worden. Aber im Winter 1684/85 wurden nach ergebnislosen Bekehrungsversuchen etwa tausend Lutherische ausgewiesen. Von 1729 an betrieb dann Erzbischof Firmian eine entschiedene Rekatholisierung; die Nichtbekehrungswilligen wurden durch das erzbischöfliche Emigrationspatent von 1731 zur Auswanderung gezwungen. Auch von dieser österreichischen Emigrantenwelle blieb ein Teil in Franken, die meisten zogen aber, von Friedrich Wilhelm I. von Preußen eingeladen, nach Ostpreußen weiter.

Nachweise in: Müller, §§ 252 f., 275; *G. Mecenseffy,* Geschichte des Protestantismus in Österreich, 1956; *HRG* Artikel: Gegenreformation, Religionsfreiheit, Salzburger Emigration.

b) Anfänge und Rückschläge in Frankreich

In Frankreich hatte sich, von der Schweiz herkommend, der Calvinismus ausgebreitet [Kap. 10 a] und war in einen Gegensatz zur Staatsgewalt geraten [Kap. 7 a]. Einer der Gründe dafür war die Sorge um die politische Einheit des Staates. Auch in den Hugenottenkriegen (1562–1598) verbanden sich also politische und konfessionelle Auseinandersetzungen. In der Bartholomäusnacht (1572) schickte man sich an, durch die Ermordung Tausender von Hugenotten den Calvinismus auszurotten, wofür „Se. Heiligkeit mit dem ganzen Kardinalskollegium sich nach der Kirche des heiligen Markus begab, um das Tedeum singen zu lassen und Gott für eine so glückliche, dem christlichen Volke geschenkte Gnade zu danken" (M Nr. 493). Eine Befriedung bahnte sich an, als Heinrich von Navarra in dynastischer Erbfolge König von Frankreich wurde, das er, nun Heinrich IV. (1589–1610) , sich in weiten Teilen freilich erst noch erobern mußte. 1593 trat er vom Calvinismus zum Katholizismus über – Paris war immerhin „eine Messe wert", wie der Herzog von Sully sachlich bemerkte.

Im Jahr 1598 erließ Heinrich IV. das Toleranzedikt von Nantes (L, S. 268). Es bestimmte zwar die katholische Religion zur herrschenden, erlaubte aber „den Anhängern der angeblich reformierten Religion in allen Städten und Ortschaften Unseres Königreiches und Ländern Unseres Machtbereiches zu leben und zu wohnen, ohne daß dort nach ihnen gesucht wird oder sie bedrückt oder belästigt oder gezwungen werden, etwas gegen ihr Gewissen zu tun". Auch wurde den Reformierten die öffentliche Religionsausübung in Orten, in denen sie eingeführt war – außer in Paris –, erlaubt und der Zugang zu öffentlichen Ämtern gewährt (Art. VI, IX, XIV und XXVII). 1610 wurde der große König, der noch im Geruch eines heimlichen Ketzers stand, von einem religiösen Fanatiker Namens Ravaillac ermordet; hatte doch Kardinal Bellarmin aus dem Naturrecht bewiesen, daß es gerecht sei, Ketzer zu töten (M Nr. 504).

Dem erstarkenden französischen Absolutismus wurde aber die religiöse Spaltung zunehmend zum Ärgernis. Die Parole hieß jetzt *„Un roi, une loi, une foi"*. Ludwig XIV. [Kap. 11 a] hob im Jahr 1685, auf dem Höhepunkt seiner Macht, im Revokationsedikt von Fontainebleau (M Nr. 536) das Toleranzedikt von Nantes auf, verbot die Ausübung des reformierten Bekenntnisses und bedrohte Laien, die emigrierten, mit Galeerenstrafe. Trotzdem flüchteten einige hunderttausend Hugenotten nach Holland, England und Deutschland, wo sie ihren Gewerbefleiß vor allem nach Brandenburg-Preußen und in die Markgrafschaft Bayreuth trugen.

Nachweise in: Müller, §§ 246, 262.

c) Aufbruch zur Mündigkeit

In dieser Epoche der Glaubenskriege und der konfessionellen Restauration bahnte sich etwas Neues in England an: Schon im sechzehnten Jahrhundert hatte sich bei den Puritanern der Anspruch auf religiöse Unabhängigkeit geregt [Kap. 10b]. Mit den Erfolgen, welche die „Independenten" einige Jahrzehnte später in der Auseinandersetzung des Parlaments mit dem König erstritten, begann der Individualismus in Glaubens- und Religionsfragen sich durchzusetzen.

Als Antwort auf das autoritäre Kirchenregiment Karls I. (1625–1649) und seines Erzbischofs Laud gewann zunehmend die Vorstellung Raum, daß die Einzelnen in ihren religiösen Gewissensentscheidungen keiner staatlichen Bevormundung zu unterstehen haben. Die Parole der Independenten hieß: „Man muß Gott mehr gehorchen als den Menschen" (Apostelgeschichte 5, 29). Das bedeutete, daß in Fragen der Religion jeder für sich selbst Gott verantwortlich sei. Dies wurde zu einem frühen Kristallisationspunkt für die Idee allgemeiner Menschenrechte: für den Gedanken, daß es eine unantastbare Individualsphäre gebe, über welche die Staatsgewalt prinzipiell nicht verfügen dürfe. Tatsächlich machte sich zu jener Zeit die republikanisch-demokratische Partei der Leveller daran, einen Verfassungsvertrag – das *„Agreement of the People"* – zu entwerfen (1647), in welchem stand, daß Religionsangelegenheiten und die Art und Weise, Gott zu verehren, keiner weltlichen Gewalt anvertraut sein sollten (Art. IV 1) – eine frühe Formulierung der Religionsfreiheit. Wohl blieb das *Agreement* ein bloßer Entwurf. Doch ist es ein denkwürdiges Dokument revolutionären Vorstellungswandels, nicht nur was die Religionsfreiheit angeht, sondern auch noch in anderer, nicht minder wichtiger Hinsicht: Man schickte sich an, den Anspruch auf Selbstbestimmung vom religiösen auf den weltlichen Bereich zu erweitern: Politische Autorität sollte von nun an auf ein *agreement* – eine Vereinbarung der Bürger – statt auf die göttliche Verleihung eines Amtes gegründet werden. Vier Jahrzehnte später schrieb John Locke (1632–1704) in seinen *Two Treatises of Government*: Die Menschen sind von Natur aus frei und gleich (II § 4). Die Staatsgewalt ist „nichts anderes, als die vereinigte Gewalt aller Mitglieder der Gesellschaft, die man der gesetzgebenden Person oder Versammlung übertragen hat", und dies unter dem Vorbehalt, daß sie keinen Zugriff auf unveräußerliche Menschenrechte hat (II §§ 95, 135) und die höchste Gewalt bei der Gemeinschaft verbleibt (II § 149).

Für diesen Wandel des Zeitgeistes gab es einen fundamentalen Grund. Die konfessionellen Bürgerkriege des sechzehnten und siebzehnten Jahrhunderts, die unsäglichen Streitigkeiten um theologisch-weltanschauliche „Gewißheiten", führten am Ende in eine tiefe Skepsis gegen solche durch Tradition vorgegebenen autoritativen Gewißheiten. Hinzu kam, daß zur gleichen Zeit weit entfernte Kulturen entdeckt und erschlossen wurden; auf diese Weise trat die Vielfalt möglicher Weltanschauungen zunehmend in das öffentliche Bewußtsein und drängte einen Kulturvergleich auf. So fand der Einzelne sich auf sein eigenes Urteil und Gewissen zurückgeworfen. Die Einsicht in die Grenzen der Erkenntnis und in die mannigfache Bedingtheit, also Relativität religiöser, moralischer und politischer Auffassungen, wurde zur Mutter der Toleranz. John Locke vertrat in seiner *Epistola de tolerantia* die Ansicht, Gottesverehrung sei private, nicht staatliche Angelegenheit. In Deutschland wurde Lessings (1729–1781) „Nathan" zum einprägsamen Leitbild einer Duldsamkeit, die sich über unbewiesene religiöse Lehren erhebt. In Lessings Duplik erschien es als Los des Menschen, ewig die Wahrheit zu suchen, ohne Gewähr, die reine Wahrheit je zu erreichen. Und Kant

(1724–1804) erklärte das – vom kategorischen Imperativ geleitete – Gewissen des Einzelnen für die letzte Instanz, zu der unser Bemühen um moralisches Urteil vordringen kann. Der
Vorstellung von der gleichberechtigten moralischen Kompetenz und Selbstbestimmung aller entsprach für den politischen
Bereich die Idee der Demokratie, also der Gedanke Rousseaus
(1712–1778), daß die Staatsgewalt Ausdruck bürgerlicher
Selbstbestimmung zu sein habe und „das Volk, das den Gesetzen gehorcht, auch ihr Urheber" sein müsse (*Contrat social* I 6,
II 6).

In England selber wurde – nach dem bedeutenden Auftakt –
die Gleichberechtigung der Katholiken und der puritanischen
„Dissenters" erst im neunzehnten Jahrhundert erreicht
[Kap. 10 b].

In den nordamerikanischen Kolonien aber gewannen die
in England vorgedachten Gedanken – zumal die Ideen John
Lockes – teils rasch, teils nur zögernd an Boden. Während in
England die Gewährleistung der Religionsfreiheit 1647 nur
Entwurf blieb, wurde eine ähnliche Bestimmung im gleichen
Jahr bei den Kolonisten in Rhode Island Gesetz, dem bald
Pennsylvania in der religiösen Toleranz folgte; 1671 wurde in
den General Fundamentals von New Plymouth die Glaubens-,
Gewissens- und Kultusfreiheit für unverletzlich erklärt; 1776
bestimmte die *Bill of Rights of Virginia*, die zum Vorbild für
spätere Grundrechtserklärungen wurde, „daß Religion oder
die Pflicht, die wir unserem Schöpfer schulden, und die Art,
wie wie ihr nachkommen, lediglich durch Vernunft oder Überzeugung geleitet werden kann, nicht aber durch Zwang oder
Gewalt; deshalb haben alle Menschen gleichen Anspruch auf
freie Ausübung der Religion gemäß den Geboten des Gewissens, und es ist eine gegenseitige Pflicht aller, christliche Ge-
duld, Liebe und Güte im Verkehr untereinander zu üben"
(Art.16). Im ersten Zusatzartikel (1791) zur nordamerikanischen Bundesverfassung von 1787 steht unter anderem, daß der
Kongreß kein Gesetz erlassen darf, das die Einführung einer
Staatsreligion zum Gegenstand hat oder die freie Religionsausübung verbietet [dazu auch Kap. 12 b].

Nachweise in: J. *Hatschek,* Englische Verfassungsgeschichte, 1913, §§ 39, 52; *Müller,* §§ 268 ff., 273; R. *Zippelius,* Allgemeine Staatslehre, 12. Aufl. 1994, § 32 III.

d) Das Zwischenspiel des aufgeklärten Absolutismus

Das Zeitalter der Aufklärung und die mit ihm aufkommende relative Gleichgültigkeit gegenüber den konfessionellen Unterschieden, ja gegenüber der Religion überhaupt, brachte auch in Deutschland eine Wende. So wurde auf Grund der inzwischen konsolidierten landesherrlichen Gewalt je nach fürstlichem Ermessen in verschiedenen Territorien eine weitgehende Toleranz geübt. Friedrich II. (1740–1786) ließ es sich sogar angelegen sein, in Preußen auch darüber zu wachen, daß die Konfessionen sich gegenseitig keinen Abbruch taten, nach seinem berühmten Aktenvermerk: „Die Religionen Müsen alle Tolleriret werden und Mus der fiscal nuhr das auge darauf haben das Keine der andern abruch Tuhe, den hier mus ein jeder nach Seiner Fasson Selich werden" (R Nr. 31). Das unter Friedrich Wilhelm II. (1786–1797) ergangene Religionsedikt von 1788 (M Nr. 554) war in wichtigen Punkten besser als sein Ruf, sicherte es doch den Reformierten, den Lutherischen und den Römisch-Katholischen weiterhin den staatlichen Schutz zu (§ 1); daneben sollte „die den Preußischen Staaten von jeher eigentümlich gewesene Toleranz der übrigen Secten und Religions-Partheyen, ferner aufrecht erhalten und Niemanden der mindeste Gewissenszwang zu keiner Zeit angethan werden"; als schon bisher öffentlich geduldete Secten wurden „ausser der jüdischen Nation, die Herrenhuter, Mennoniten und die Böhmische Brüdergemeinde" genannt; sie sollten „unter dem Landesherrlichen Schutz ihre gottesdienstlichen Zusammenkünfte halten, und diese dem Staate unschädliche Freyheit ferner ungestört behalten" (§ 2). Einige Jahre später bestimmte das preußische Allgemeine Landrecht (1794): „Die Begriffe der Einwohner des Staats von Gott und göttlichen Dingen, der Glaube und der innere Gottesdienst können kein Gegenstand von Zwangsgesetzen sein." „Jedem Einwohner im Staat muß eine vollkommene Glaubens- und Gewissensfreiheit gestattet werden." „Niemand ist schuldig, über seine Privatmeinungen in Religionssachen Vorschriften vom Staat anzunehmen." „Niemand soll wegen seiner Religionsmeinung beunruhigt, zur Rechenschaft gezogen, verspottet oder gar verfolgt werden" (II Tit. 11 §§ 1–4). Durch das Emanzipationsedikt von 1812 (H I Nr. 12) erhielten in Preußen die dort „für Einländer zu achtenden Juden" die gleichen bürgerlichen Rechte und Freiheiten wie die Christen (§ 7), insbesondere die ungehinderte Niederlassungsfreiheit (§ 10) und die Gewerbefreiheit nach den allgemeinen Vorschriften (§ 11).

In Österreich hatte Joseph II. [Kap. 11 b] schon 1781 als frühes Dokument religiöser Liberalisierung in Deutschland ein Toleranzpatent erlassen (M Nr. 552). Darin stand: „Überzeugt einerseits von der Schädlichkeit alles Gewissenszwanges und andererseits von dem großen Nutzen, der für die Religion und den Staat aus einer wahren christlichen Toleranz entspringt, haben Wir Uns bewogen gefunden, den augsburgischen und helvetischen Religionsverwandten, dann den nicht unierten Griechen ein ihrer Religion gemäßes Privatexercitium allenthalben zu gestatten [...]. Der röm. katholischen Religion allein soll der Vorzug des öffentlichen Religionsexercitii verbleiben." Doch wurde den „akatholischen Untertanen, wo 100 Familien existieren," die Errichtung von Schulen und Bethäusern erlaubt; diese durften freilich „kein Geläute, keine Glocken, Türme und keinen öffentlichen Eingang von der Gasse, so eine Kirche vorstelle, haben." Auch konnten die „Akatholischen [...] zum Häuser- und Güterkaufe, zum Bürger- und Meisterrecht, zu akademischen Würden und Zivilbedienstungen künftig dispensando zugelassen werden." Vieles von der deklarierten Freiheit ging freilich dadurch wieder verloren, daß die Kirche in eine von Staatsraison geleitete Erziehungsanstalt umgewandelt wurde [Kap. 11 b].

e) Verfassungsgarantien der konstitutionellen Monarchien

In Frankreich hatte nach dem Sturz des Ancien Régime die Erklärung der Menschen- und Bürgerrechte vom 26. August 1789 bestimmt: „Niemand soll wegen seiner Ansichten, auch nicht wegen der religiösen, beunruhigt werden, sofern ihre Äußerung die durch das Gesetz errichtete öffentliche Ordnung nicht stört" (Art. 10). – Nach dem Zeitalter der Revolution schien eine Rückkehr zum Absolutismus alter Prägung nicht mehr möglich. Die Ideen von 1789 und die engagierte Teilnahme des französischen Volkes an der Revolution und den Napoleonischen Kriegen – und die der besiegten Völker an den Befreiungskriegen – hatten die politische Landschaft verändert. Der Kompromiß zwischen den Ansprüchen auf Bürgerfreiheit und dem monarchischen Prinzip wurde nun im Verfassungsmodell der konstitutionellen Monarchie gesucht. Vorbild wurde die französische Verfassung vom 4. Juni 1814, in der es hieß: „Jeder übt seine Religion mit gleicher Freiheit aus und erhält für seinen Gottesdienst den gleichen Schutz" (Art. 5). „Staatsreligion ist die katholische, apostolische, römische Religion" (Art. 6; diese Bestimmung fehlte später in der Verfassung von 1830). „Die Diener der katholischen, apostolischen, römischen Religion und jene der anderen christlichen Kulte erhalten allein Besoldung aus dem königlichen Schatz" (Art. 7).

Im neunzehnten und frühen zwanzigsten Jahrhundert verwirklichte sich auch in ganz Deutschland die individuelle Glaubensfreiheit. In Art. 16 der Deutschen Bundesakte von 1815 (H I Nr. 29) war vereinbart: „Die Verschiedenheit der christlichen Religions-Partheyen kann in den Ländern und Gebiethen des deutschen Bundes keinen Unterschied in dem Genusse der bürgerlichen und politischen Rechte begründen." Die Verfassungen der Länder gingen in der Regel weiter und gewährten Religionsfreiheit für alle, anfangs oft noch unter Bevorzugung der etablierten christlichen Bekenntnisse. So bestimmte die bayerische Verfassung von 1818 (H I Nr. 51): „Jedem Einwohner des Reichs wird vollkommene Gewissens-

Freyheit gesichert; die einfache Haus-Andacht darf Niemandem, zu welcher Religion er sich bekennen mag, untersagt werden. Die in dem Königreiche bestehenden drey christlichen Kirchen-Gesellschaften genießen gleiche bürgerliche und politische Rechte" (IV § 9). In der badischen Verfassung von 1818 (H I Nr. 52) hieß es: „Jeder Landeseinwohner genießt der ungestörten Gewissensfreiheit und in Ansehung der Art seiner Gottesverehrung des gleichen Schutzes" (§ 18). Die württembergische Verfassung von 1819 (H I Nr. 54) besagte: „Jeder, ohne Unterschied der Religion, genießt im Königreiche ungestörte Gewissensfreiheit. Den vollen Genuß der staatsbürgerlichen Rechte gewähren die drei christlichen Glaubens-Bekenntnisse" (§ 27); doch wurde 1861 der Kreis dieser Vollberechtigten erweitert: „Die staatsbürgerlichen Rechte sind unabhängig von dem religiösen Bekenntnisse". Die kurhessische Verfassung von 1831 (H I Nr. 56) garantierte jedem die volle Freiheit des Gewissens und der Religionsausübung (§ 30) und verfügte: „Die Verschiedenheit des christlichen Glaubensbekenntnisses hat auf den Genuß der bürgerlichen und staatsbürgerlichen Rechte keinen Einfluß" (§ 29). Entsprechende Regelungen enthielt die sächsische Verfassung von 1831 (H I Nr. 57; §§ 32 f.). Die Verfassungen mancher Länder ergänzten ihre grundsätzlichen Garantien der Religionsfreiheit durch den Zusatz, daß anderen als den christlichen Glaubensgenossen die gleichen staatsbürgerlichen Rechte wie diesen durch besonderes Gesetz eingeräumt werden könnten. In der preußischen Verfassung von 1850 (H I Nr. 168) war diese Erweiterung schon enthalten: „Die Freiheit des religiösen Bekenntnisses, der Vereinigung zu Religionsgesellschaften (Art. 30 und 31) und der gemeinsamen häuslichen und öffentlichen Religionsausübung wird gewährleistet. Der Genuß der bürgerlichen und staatsbürgerlichen Rechte ist unabhängig von dem religiösen Bekenntnisse" (Art. 12). Damit war in diesem Punkte das Programm der Paulskirchenverfassung [Kap. 16a] verwirklicht.

Die Kurie konnte sich mit der neuen Situation nur zögernd befreunden. Eine päpstliche Enzyklika vom Jahre 1832 erklärte es schlichtweg für einen Wahn (*„deliramentum"*), daß die

Freiheit des Gewissens von jedem beliebigen zu beanspruchen und ihm zuzugestehen sei (M Nr. 583). Und noch der Syllabus Pius' IX. von 1864 verwarf den Satz, jeder sei frei, die Religion anzunehmen und zu bekennen, die er im Lichte seiner Vernunft für die wahre hält [Kap. 15a]. Doch in dem heute geltenden Gesetzbuch der katholischen Kirche, dem *Codex Iuris Canonici* von 1983, steht der Satz: „Niemand hat das Recht, Menschen gegen ihr Gewissen zur Annahme des katholischen Glaubens zu zwingen" (c.747 § 2).

Nachweise in: D. Willoweit, Deutsche Verfassungsgeschichte, 2. Aufl. 1992, § 29.

14. Das Zeitalter der Französischen Revolution und der Säkularisation

a) Revolution und Säkularisation in Frankreich

In der Französischen Revolution vollzog sich der Durchbruch zur religiösen Neutralität, wie sie sich schon zuvor in diesem Jahrhundert Voltaires angebahnt hatte. In Preußen hatte bereits Friedrich II. das Desinteresse des Staates an Glaubenssachen durch seine Bemerkung bekundet, daß „ein jeder nach Seiner Fasson Selich werden" müsse [Kap. 13 d]. In der Französischen Revolution verband sich der Geist der Aufklärung zudem mit dem sozialpolitischen Ressentiment gegen die Kirche und führte zeitweise über die bloße Neutralität des Staates hinaus zur Kirchenfeindschaft: Der Klerus genoß bisher Steuerprivilegien, die als ungerecht empfunden wurden, die hohe Geistlichkeit verfügte über riesige Ländereien und war neben dem hohen Adel einer der beiden herausgehobenen Stände, gegen die sich nun der Unmut des benachteiligten dritten Standes entlud.

Der Ruf nach Freiheit, Gleichheit und Brüderlichkeit brachte die Kirche nicht nur um den Kirchenzehnten und das Kirchengut, das am 2. November 1789 zum Nationaleigentum erklärt wurde, sondern auch um ihre Stellung als Staatsreligion. Die Erklärung der Menschen- und Bürgerrechte vom 26. August 1789 brachte die volle Glaubens- und Kultusfreiheit. Im folgenden Jahr bestimmte das Gesetz über die bürgerliche Konstitution des Klerus (vom 12. 7. 1790), daß die Bischöfe durch die politischen Wahlkörper der Departements, und die Pfarrer durch jene der Distrikte, bestimmt werden sollten. Ein weiteres Gesetz (vom 27. 11. 1790) forderte ihnen den Eid auf diese *Constitution civile du Clergé* ab. Der hiergegen geleistete Widerstand des Papstes und des romtreuen Teiles des französischen Klerus löste einen Kirchenkampf aus. Bei den Pariser Septembermorden im Jahre 1792 wurden auch an die dreihundert Priester getötet, die den Eid auf die *Constitution* verweigert hatten. Die im gleichen Jahr gegründete französische Republik führte die obligatorische Zivilehe ein [vgl. Kap. 11 a], schaffte die christliche Zeitrechnung ab und setzte an die Stelle der christlichen Religion einen Vernunftkult.

Die sich aus dieser Abkehr vom Katholizismus ergebenden Spannungen zwischen Frankreich und dem Papst löste Napoleon im Jahre 1796 im italienischen Feldzug auf seine Weise. Er forderte nach seinem Sieg über die Österreicher den Papst auf, alle gegen Frankreich gerichteten Dekrete aufzuheben, und marschierte, als der Papst dem nicht nachkam, mit seinem Heer gegen Rom. Pius VI. mußte den Frieden durch erhebliche Landabtretungen erkaufen (1797). Nicht lange danach bot die Erschießung des französischen Generals Duphot in Rom den Anlaß, Marschall Berthier in den Kirchenstaat zu entsenden, dort eine römische Republik zu errichten, den Papst seiner weltlichen Herrschaft über den Kirchenstaat für verlustig zu erklären und ihn gefangenzusetzen (1798). Bald darauf starb Pius VI.

Sein Nachfolger, Pius VII. (1800–1823), wurde unter dem Schutz Österreichs gewählt und erhielt im Frieden von Luneville (1801) den Kirchenstaat zugesichert. Napoleon, inzwischen zum Ersten Konsul avanciert, suchte um des innenpolitischen Friedens willen eine Einigung mit dem Papst und schloß am 15.7.1801 mit dem diplomatisch klugen päpstlichen Kardinalstaatssekretär Consalvi ein Konkordat (M Nr. 558). Damit wurde nach einer für die Kirche rechtlosen Zeit der Boden vertraglicher Beziehungen zu der damals stärksten Macht auf dem Kontinent wiedergewonnen. In der Sache brachte das Konkordat freilich der Kirche nur geringe Zugeständnisse: Das säkularisierte Kirchengut wurde nicht zurückgegeben. Aber der Staat verpflichtete sich, die Kirche zu unterhalten. Der Erste Konsul sollte die französischen Bischöfe ernennen, der Papst sollte sie nach kanonischem Recht bestätigen. Der Papst wurde als Souverän des Kirchenstaates anerkannt. – Napoleon erließ hierzu 1802 die organischen Artikel (M Nr. 559), in denen das Placet, der *recursus ab abusu* und die gallicanischen Freiheiten neu festgeschrieben wurden. Ferner wurde bestimmt, daß eine Ehe erst dann eingesegnet werden dürfe, wenn sie zuvor als Zivilehe geschlossen worden war, eine Bestimmung, die später Vorbild für das deutsche Personenstandsrecht werden sollte. Der Papst klagte über die Verletzung des Konkordats durch die organischen Artikel und über die Verletzung kanonischen Rechts durch den *Code Napoleon* und arbeitete den Bestrebungen Napoleons entgegen, Italien zu gemeinsamem Vorgehen gegen England und Österreich zusammenzuschließen. Napoleon antwortete mit der Besetzung des Kirchenstaates (1808) und erklärte die karolingische Schenkung des Kirchenstaates [Kap. 4 c] für zurückgenommen (17.5.1809); der Papst sollte einen Palast in Paris, ein Salär und die kurialen Domänen erhalten. Pius VII. antwortete mit einem Bannspruch über alle, die sich am Erbe des Petrus vergriffen, worauf er festgenommen und nach Savona in Ligurien gebracht wurde (1810), wo er in stiller Ergebenheit sich allen Kooperationsbemühungen Napoleons hartnäckig verweigerte. Dem Wunsch des Kaisers, daß die französische Kirche sich vom Papst unabhängig erkläre, versagte sich die Pariser Synode von 1811.

Nachweise in: TRE Artikel: Französische Revolution, Napoleonische Epoche.

b) Säkularisation in Deutschland

Der Säkularisation in Frankreich folgte jene in Deutschland. Im Frieden von Luneville (1801) – den der Kaiser für das Reich schloß und den der Reichstag bestätigte – wurde die Abtretung aller linksrheinischen Gebiete an Frankreich vereinbart; die betroffenen erblichen Fürsten sollten im rechtsrheinischen Gebiet entschädigt werden (Art. 7). Diese Entschädigung und innerdeutsche Flurbereinigung wurde durch eine außerordentliche Reichstagsdeputation vorbereitet, die 1802 in Regensburg zusammentrat; ihrer Beratung lag ein von Frankreich und Rußland unterbreiteter Kompromißvorschlag zugrunde. Der abschließende Beschluß der Reichsdeputation – der Reichsdeputationshauptschluß (RDH) von 1803 (H I Nr. 1) – wurde vom Reichstag angenommen und durch kaiserliches Ratifikationsdekret vom 27.4.1803 zum Reichsgesetz erhoben (H Nr. 1). Durch dieses wurden fast alle reichsunmittelbaren geistlichen Gebiete auf die zu entschädigenden Territorialherren aufgeteilt. Ausgenommen wurden das bisher zu Mainz gehörende Gebiet des Oberamts Aschaffenburg nebst einigen weiteren Gebieten und das bisherige Bistum Regensburg; sie wurden samt der Reichsstadt Regensburg zum Besitz des Erzkanzlers bestimmt, dessen Stuhl von Mainz auf den Dom zu Regensburg übertragen wurde (§ 25 RDH). Ausgenommen blieben auch der Deutsche Ritterorden und der Malteserorden. Den Territorialherren wurde anheimgegeben, auch die Güter der in ihren Ländern gelegenen fundierten Stifte, Abteien und Klöster einzuziehen (§ 35 RDH), von welcher Anregung sie – mit Ausnahme der Habsburger, die bereits ihren eigenen Weg beschritten hatten [Kap. 11 b] – gern und gründlich Gebrauch machten. Zugunsten der Kirchen gab es begrenzte Besitzstandsgarantien: Den Domkirchen sollte eine dauernde Ausstattung bleiben, und die näher geregelten Pensionen für die aufgehobene Geistlichkeit waren sicherzustellen (§ 35 RDH). Auch sollte jeder Religion der Besitz und ungestörte Genuß ihres eigentümlichen Kirchenguts verbleiben (§ 63 RDH); doch wurde dieser Schutz gerade durch die vorgesehenen Säkularisationen weitgehend durchbrochen. Fromme und milde Stiftungen waren zu erhalten, doch wurden sie der staatlichen Aufsicht und Leitung unterstellt (§ 65 RDH). 1809 hob Napoleon den Deutschen Orden in Deutschland auf, 1810 säkularisierte Preußen in seinem Territorium sämtliche geistlichen Güter einschließlich des Johanniterordens (H/H I Nr. 26). Die Kurie bemühte sich auf dem Wiener Kongreß, die Säkularisation rückgängig zu machen, blieb aber ohne Erfolg.

Kirchenpolitisch hatte diese Säkularisation zwei Seiten: Zum einen führte der weitgehende Verlust der Sachausstattung dazu, daß nun auch die katholische Kirche in hohem Maße darauf angewiesen war, vom Staat unterhalten zu werden. Eine aus Staatsmitteln besoldete Geistlichkeit geriet in eine gewisse äußere Abhängigkeit zum Staat, was später etwa durch das Bismarcksche „Brotkorbgesetz" [Kap. 16 b] fühlbar wurde. Andererseits wurde die katholische Kirche mit ihren Gütern auch zahlreiche Mißstände los. Wer einstmals zugleich Bischof und Landesfürst war, wurde durch sein weltliches Amt und Engagement von seinen geistlichen Aufgaben beträchtlich abgezogen; zudem gerieten die weltlichen und die kirchlichen Interessen, die er zugleich wahren sollte, nicht selten miteinander in Konflikt. Der größte Gewinn aus Sicht der Kurie war es aber, daß die hohen kirchlichen Würdenträger von nun an ihren Rückhalt im Papsttum suchten: Bisher waren die geistlichen Fürsten deutsche Landesherren, oft waren sie nachgeborene Fürstensöhne, und auf den Stiftspfründen der Domkapitel saßen Söhne des stiftsfähigen Adels; so hatten sie eigenen Rückhalt und feste Wurzeln im Reich. Aus dieser Situation versteht es sich, daß bis dahin der hohe Klerus nicht selten Repräsentant nationalkirchlicher – besser wohl gallikanischer – Bestrebungen war, wie sie noch in der Emser Punktation Ausdruck fanden [Kap. 11 c]. Jetzt, mit der Säkularisation, entschwanden weltliche Ämter und Güter, und die Würdenträger wurden zunehmend bürgerlich und päpstlich. So ist es kein Zufall, daß im Jahrhundert der Säkularisation der Klerus sich Rom stärker zuwandte und „ultramontan" wurde. Nun war der Weg frei, den Universalepiskopat und die Unfehlbarkeit des Papstes auf dem Vatikanischen Konzil zum Dogma zu erheben: Der päpstliche Zentralismus hatte eine jahrhundertelang umkämpfte Festung genommen.

Nachweise in: v. Hase, §§ 395–401; *Feine,* § 46; *Ebers,* § 61; *Huber VG* I §§ 4, 24; *v. Campenhausen,* § 8.

15. Wandlungen der katholischen Kirche im neunzehnten Jahrhundert

a) Restauration und Wandel

Der Begriff der Restauration – auf die Zeit zwischen dem Wiener Kongreß und dem Jahr 1848 gemünzt – bezeichnet das Bestreben, die Wirkungen der Französischen Revolution rückgängig zu machen, insbesondere durch Wiederherstellung der überkommenen Staatlichkeit und der katholischen Kirche. In beiden Fällen bedeutete diese Wiederherstellung aber einen Wandel: Im staatlichen Bereich formte sich die konstitutionelle Monarchie [Kap. 13 e] in ihrer bis zum Ende des Ersten Weltkriegs gültigen Gestalt. Auch für die Kirche verband sich mit der Wiedergewinnung alter Positionen ein Strukturwandel.

Seit Mai 1814 residierte der Papst wieder in Rom. Noch im Jahre 1814 erneuerte Pius VII. den Jesuitenorden (M Nr. 564). Der Wiener Kongreß stellte den 1809 untergegangenen Kirchenstaat [Kap. 14 a] wieder her (M Nr. 565). Noch einmal finden wir einen Nachklang des nationalkirchlichen Gedankens. Der Konstanzer Generalvikar Ignaz Heinrich von Wessenberg hatte den Plan einer teutschen National-Kirche entworfen (H/H I Nr. 48) und wollte die auf dem Wiener Kongreß versammelten deutschen Fürsten für diese Idee gewinnen, scheiterte aber, nicht zuletzt durch die Gegenarbeit des gewandten päpstlichen Kardinalstaatssekretärs Consalvi.

Das Papsttum hatte sich neue Sympathien erworben, nicht nur durch die mutige Haltung, die es gegenüber Napoleon eingenommen hatte. Auch der Geist der Romantik, welcher der Aufklärung den Krieg ansagte und in historischen Reminiszenzen schwelgte, war einer Wiedererhebung des Papsttums und einer Neubelebung des Katholizismus günstig. Diese Wiederbelebung fand geistige Mittelpunkte etwa im Wiener Hofbauerkreis und im Münchener Görreskreis. Man versah die Kirche des Mittelalters mit neuem Glanz und wußte der Kirche Dank für alles, was sie dem wiederentdeckten Gemüt gab. Die katholische Kirche konnte zahlreiche Konversionen, gerade in den gebildeten Schichten, für sich buchen. Die Wallfahrten fanden neuen Zulauf. Zum heiligen Rock in Trier pilgerten im Jahr 1844 über eine Million Menschen.

Der Aufwertung des Papsttums entsprach es, daß man den päpstlichen Nuntien einen diplomatischen Ehrenvorrang einräumte: als den geborenen Doyens der diplomatischen Corps. Vor allem aber in der Sache verstand es die Kurie, alte Positionen wiederzugewinnen und insbesondere durch Konkordate ihren Rechtsstatus zu festigen.

Schon 1817 kam ein Konkordat mit Bayern zustande (H/H I Nr. 73), in dem auch die Neugliederung der bischöflichen Diözesen geregelt wurde. Im Jahr 1821 folgten für Preußen und die südwestdeutschen Staaten und im Jahr 1824 für Hannover päpstliche Dekrete über die Neugliederung der Diözesen (Zirkumskriptionsbullen), die anschließend von den Landesherren unter allem Vorbehalt ihrer landesherrlichen Rechte publiziert wurden (H/H I Nrn. 90f., 106, 108, 120f.); man umging hier also ein Konkordat und wählte – wie einst im Wormser Konkordat [Kap. 5] – übereinstimmende Regelungen der Kurie und des Staates. Wesentliche Ergebnisse dieser regionalen Neugliederung waren: In Bayern gab es künftig die Kirchenprovinzen München-Freising und Bamberg; der Kirchenprovinz München-Freising wurden die Suffraganbistümer Augsburg, Passau und Regensburg zugeteilt; der Kirchenprovinz Bamberg wurden die Bistümer Würzburg, Eichstätt und Speyer zugewiesen. Für Preußen wurden die Kirchenprovinzen Köln und Gnesen-Posen eingerichtet, ferner die exemten, das heißt keiner Kirchenprovinz zugeordneten Bistümer Breslau und Ermland; der Kirchenprovinz Köln wurden die Bistümer Trier, Münster und Paderborn zugeteilt. Für die südwestdeutschen Staaten wurde die oberrheinische Kirchenprovinz Freiburg mit den Suffraganbistümern Mainz, Fulda, Rottenburg und Limburg errichtet; das Bistum Konstanz (in dem Wessenberg wirkte) wurde aufgelöst. Für Hannover wurden die exemten Bistümer Hildesheim und Osnabrück vorgesehen. – Außerdem wurden Dotationsvereinbarungen zugunsten der Bistümer, Domkapitel und Diözesananstalten getroffen, zum Teil auch weiterreichende Garantien gegeben. So wurden im Bayerischen Konkordat der katholischen Religion jene Rechte und Privilegien gewährleistet, die sie nach göttlicher Ordnung und kanonischen Satzungen genießen müsse (Art. I).

Andererseits fanden sich auch Zugeständnisse zugunsten der Landesherren. Dem bayerischen König wurde das Nominationsrecht für die Bischofsstühle eingeräumt (Art. IX); so benannte bis zum Ende des Ersten Weltkrieges der König von Bayern die bayerischen Bischöfe; lagen keine kanonischen Mängel vor, beauftragte der Papst einen der bayerischen Bischöfe mit der Bischofsweihe des Benannten. – Für Preußen und andere Staaten wurde von der Kurie eine politische Klausel zugestanden, des Inhalts, daß Persönlichkeiten, die dem Landesherrn „minder genehm" waren, nicht zu Bischöfen zu wählen seien. Anfang des neunzehnten Jahrhunderts entstand auch eine preußische Gesandtschaft beim Vatikan; das Amt eines Ministerresidenten, später eines Gesandten, beim Vatikan haben zum Teil bedeutende Gelehrte versehen, wie Wilhelm von Humboldt, Barthold Niebuhr und Christian von Bunsen.

Die Restauration bedeutete auch für die Kirche keine bloße Wiedergewinnung alter Positionen, sondern zugleich einen Strukturwandel. Die Rückgängigmachung der Säkularisation wurde auf dem Wiener Kongreß nicht erreicht, weshalb die Kurie ihren immerhin erzielten Teilerfolg mit einem Protest quittierte (H/H I Nr. 54). Doch gab gerade die Säkularisation der Kurie eine große Chance [Kap. 14b]: Der bis dahin im deutschen Adel verwurzelte, auf seine Eigenständigkeit gegenüber dem Papsttum bedachte Episkopat machte nun einem vorwiegend bürgerlichen Episkopat Platz, der nicht nur einem betonten Konfessionalismus, sondern auch dem päpstlichen Zentralismus aufgeschlossen war. Allen Ansätzen nationalkirchlicher Bewegungen wußte Rom – durch die Emser Punktation und Wessenbergs Vorstoß sensibilisiert – für die Zukunft zu begegnen. Als im Jahr 1848 die deutschen Bischöfe Papst Pius IX. baten, ihnen die Veranstaltung eines Nationalkonzils zu gestatten (H/H II Nr. 6 Ziff 45 f.), schlug ihnen der Papst dieses Ansuchen schlankweg ab (H/H II Nr. 8). Für die mit Selbständigkeitsdrang behafteten Schweizer sah man keinen Metropoliten als kirchliche Zentralinstanz vor, sondern unterstellte die Bischöfe von Basel-Lugano, Chur, St. Gallen, Lausanne-Genf-Freiburg und Sitten unmittelbar dem Papst.

Einen bemerkenswerten Ausdruck fand die neue, zentralistische, ultramontane Orientierung des hohen Klerus in einer Adresse, die der zu Pfingsten des Jahres 1862 in Rom anwesende Episkopat an Papst Pius IX. (1846–1878) richtete und ihn als Hüter der rechten Lehre und Mittelpunkt der einen Kirche apostrophierte: „Tu sanae doctrinae nobis magister, Tu unitatis centrum, Tu populis lumen indeficiens, a divina Sapientia praeparatum Tu Petra es, et ipsius Ecclesiae fundamentum" (Friedberg § 18 III).

Mitunter entfernte sich die Kurie etwas von der Wirklichkeit. Im Jahr 1864 verkündete Pius IX. den *Syllabus errorum* (H/H II Nr. 183) – eine Zusammenstellung der von der Kirche verdammten Irrtümer der Zeit. Hier wurde dem Liberalismus und dem Staatskirchentum der Kampf angesagt. Pantheismus, Naturalismus und Rationalismus (Nrn. 1–6), religiöse Gleichgültigkeit (Nrn. 16, 79) und Protestantismus (Nr. 18) wurden für verwerfliche Irrtümer erklärt, desgleichen die Ansicht, es stehe jedem frei, die Religion anzunehmen und zu bekennen, die er im Lichte seiner Vernunft für die wahre hält (Nr. 15); als irrig verworfen wurde es auch, daß der Staat ein Aufsichtsrecht über die Kirche habe (Nrn. 41, 44) und von sich aus abgrenzen dürfe, welches staatliche und welches kirchliche Aufgaben seien (Nr. 19), daß der Staat ein Schulmonopol habe (Nrn. 45–47), daß Staat und Kirche voneinander zu trennen seien (Nr. 55) und daß ein Staat auch die freie Ausübung eines anderen Kultus zulassen solle (Nrn. 77 f.); im Irrtum befinde sich auch, wer nicht sehe, daß die allgemeine Gedanken- und Meinungsfrei-

heit zur Sittenverderbnis und zur Pest der religiösen Gleichgültigkeit beitrage (Nr. 79).

Nachweise in: Heussi, § 114; *Feine*, § 47; *Huber VG*, I §§ 24, 25; *HRG* Artikel: Wessenberg.

b) Das Vatikanische Konzil

Einen weithin sichtbaren Höhepunkt fand der neue Aufstieg
der päpstlichen Autorität in den Beschlüssen des Vatikanischen
Konzils, das Pius IX. im Jahre 1869 nach Rom einberief. Schon
dreihundert Jahre vorher hatte das Konzil von Trient das Papalsystem gegenüber den Tendenzen des Konziliarismus gefestigt [Kap. 8 c]. Nun brachte das Vatikanische Konzil eine
weitere Stärkung der päpstlichen Gewalt und des kurialen
Zentralismus.

In der Konstitution vom 18. Juli 1870 (H/H II Nr. 190)
wurden der Primat und die Unfehlbarkeit des Papstes dogma-
tisch festgelegt: So wurde die Lehre befestigt, daß Christus den
Primat über die gesamte Kirche dem Apostel Petrus übertragen habe und dieser Primat auf die Nachfolger Petri in Rom
übergegangen sei. Das sollte besagen: Der Papst habe die
unmittelbare bischöfliche Gewalt über alle Gläubigen. Er sei
das Haupt der Hierarchie. Ihm seien alle Glieder der Kirche
untergeordnet und zum Gehorsam verpflichtet, nicht nur in
Glaubenssachen, sondern auch in Fragen der Sitten und der
kirchlichen Disziplin. – Zum anderen wurde die Unfehlbarkeit
des Papstes verkündet und definiert: „Wenn der römische Bischof *ex cathedra* spricht, das heißt kraft seines Amtes als
Hirte und Lehrer aller Christen in seiner höchsten, apostolischen Amtsgewalt definitiv entscheidet, eine Lehre über Glauben oder Sitten sei von der ganzen Kirche festzuhalten, so be-
sitzt er auf Grund des göttlichen Beistandes, der ihm im
heiligen Petrus verheißen ist, jene Unfehlbarkeit, mit welcher
der göttliche Erlöser seine Kirche bei definitiven Entscheidun
gen in Glaubens- und Sittenlehren ausgerüstet haben wollte.
Diese endgültigen Entscheidungen des römischen Bischofs

sind daher aus sich, und nicht (etwa nur) auf Grund einer Zustimmung der Kirche, unabänderlich." Das Unfehlbarkeitsdogma stieß auch bei einem Teil der Konzilsväter auf Widerstand, vor allem bei französischen, deutschen und österreichischen Bischöfen. Hier in Rom geschah es, daß der Mainzer Bischof Wilhelm von Ketteler vor Papst Pius IX. einen Kniefall tat, um ihn zu einem Verzicht auf eine Verkündung dieses Dogmas zu bewegen. Ein Teil der Opponenten machte vor der endgültigen Abstimmung über dieses Dogma von der päpstlichen Erlaubnis zur Abreise Gebrauch. Der angesehene Münchner Theologe und Professor Ignaz von Doellinger sagte sich von der neuen Lehre los und gab den Anstoß für eine Abspaltung der Altkatholiken von der römischen Kirche.

Eine andere Aufgabe, die das Vatikanische Konzil aufgriff, war die Auseinandersetzung mit dem Liberalismus und dem Materialismus, wie sie schon der Syllabus [a] vorbereitet hatte. Sie war Gegenstand des *Decretum de fide catholica*, das eine Grundlage für die späteren Sozialenzykliken Leos XIII. und Pius' XI. bildete.

Die Herrschaftsansprüche des Papsttums, die sich bereits im Syllabus wieder angekündigt hatten und die man nun als Unterton des Unfehlbarkeitsdogmas heraushörte, gaben den Anstoß zu staatlichen Reaktionen. Österreich kündigte das im Jahre 1855 abgeschlossene Konkordat, „wegen wesentlicher Veränderung der katholischen Kirche". In Deutschland begann der „Kulturkampf" [Kap. 16 b]. In Frankreich setzte sich die Trennung von Staat und Kirche wieder durch [Kap. 12 b].

c) Das Ende des Kirchenstaates

Dem Vatikanischen Konzil wurde durch den Einmarsch italienischer Truppen in Rom ein abruptes Ende gesetzt. Das war der Abschluß der seit Jahrzehnten schwelenden Auseinandersetzungen: Bereits im Revolutionsjahr 1848 war unter führender Beteiligung Garibaldis und Mazzinis in Rom eine Republik errichtet worden. Nur unter dem Schutz französischer Truppen konnte Pius IX. damals die Herrschaft über den Kirchenstaat wieder übernehmen. In den Jahren 1859–1861 machte dann die italienische Einigungsbewegung mächtige Fortschritte. Durch die Siege von Magenta und Solferino wurde die Abtretung der Lombardei an Sardinien erreicht (1859). Durch Volkserhebungen und Eroberungszüge Garibaldis wurden 1860–1861 große Teile Italiens, darunter auch schon der größte Teil des Kirchenstaates, an Sardinien angeschlossen. 1861 nahm Viktor Emmanuel von Sardinien mit Zustimmung des neu konstituierten italienischen Parlaments den Titel eines Königs von Italien an. Rom blieb noch unter dem Schutz der französischen Besatzung päpstlich. So wurde zunächst nicht Rom, sondern Florenz die Hauptstadt Italiens. Alle Bemühungen Cavours, durch Verhandlungen Rom als die Hauptstadt Italiens zu gewinnen, scheiterten an dem „non possumus" Pius' IX. Als dann aber im deutsch-französischen Krieg die französischen Truppen aus Rom abgezogen wurden, konnten die Italiener die Heilige Stadt besetzen. Gleich nach der Eroberung Roms durch die italienischen Truppen wurde das Vatikanische Konzil auf unbestimmte Zeit vertagt. Rom wurde auf Grund einer Volksabstimmung an Italien angeschlossen und bald darauf zur Hauptstadt Italiens erhoben. Dem Papst wurde durch das italienische Garantiegesetz von 1871 (M Nr. 608) der Rang eines Souveräns, der Besitz des Vatikans, des Laterans und des Castel Gandolfo und eine jährliche Dotation garantiert. Gegen die Aufhebung des Kirchenstaates erhob der Papst erfolglosen Protest (M Nr. 607). Er erkannte auch das Garantiegesetz nicht an und lehnte konsequenterweise die ihm darin zugesprochene Dotation ab. Die seither schwelende „römische Frage" wurde erst durch die Lateranverträge gemildert, die 1929 zwischen Pius XI. und der Regierung Mussolini abgeschlossen wurden und die „vatikanische Stadt" als selbständiges Gebiet unter der Souveränität des Papstes anerkannten.

Nachweise in: Heussi, § 115; *Feine,* § 49 II.

16. Die staatskirchenrechtliche Entwicklung im neunzehnten Jahrhundert

a) Die Staatskirchenhoheit

Im Jahrhundert zwischen dem Ende der napoleonischen Zeit und dem Ende des Ersten Weltkrieges lockerte sich in Deutschland das Staatskirchentum zu einer bloßen Staatsaufsicht („Kirchenhoheit") über die „äußeren" Angelegenheiten der Kirchen [Kap. 12 b], mit der Tendenz, die Staatsaufsicht zurückzuziehen. In den evangelischen Kirchen hatte der Landesherr weiterhin auch in den „innerkirchlichen" Fragen das „Kirchenregiment" [Kap. 12 b]. In dieses wurden aber fortschreitend kircheneigene konsistoriale und presbyterial-synodale Elemente (Gemeindekirchenräte, Kirchenvorstände, Kreis-, Provinzial- und Generalsynoden) einbezogen. Einige wichtigere Beispiele mögen genügen:

In Preußen wurde die Ausübung der Kirchenhoheit über beide Konfessionen 1817 einem Ministerium für geistliche, Unterrichts- und Medizinalangelegenheiten übertragen; 1841 wurde eine katholische Abteilung im Kultusministerium errichtet (H/H I Nr. 194). Auf Grund der Kirchenhoheit behielt sich der König zunächst noch Einfluß auf die Besetzung der Kirchenämter vor, ferner das Placet und eine Kontrolle des Verkehrs der katholischen Kirche mit Rom. – In der evangelischen Kirche stand dem preußischen König (kraft seines Summepiskopats) neben der Kirchenhoheit auch das Kirchenregiment zu, mit dessen Wahrnehmung seit 1850 ein eigenes kirchliches Leitungsorgan, der Evangelische Oberkirchenrat, betraut war (H/H II Nr. 143 f.). Schon vorher waren in der Kirchenordnung von 1835 für Rheinland und Westfalen (H/H I Nrn. 266 f.) den dort beheimateten evangelischen Gemeinden beachtliche presbyterial-synodale Selbstverwaltungsrechte zugestanden worden, so daß sich hier das landesherrliche Kirchenregiment mit konsistorialer Verwaltung und presbyterial-synodaler Selbstverwaltung verband. Nach diesem Modell wurde 1873 auch die evangelische Kirche in den sechs östlichen Provinzen organisiert (H/H II Nrn. 444 f.). Im gleichen Jahr wurde für die evangelische Landeskirche der genannten acht älteren Provinzen eine Generalsynode eingerichtet, deren Zusammensetzung, Aufgaben und Kompetenzen 1876 geregelt wurden (H/H II Nrn. 447 f.). In Hannover galt für die evangelisch-lutherische Kirche die Kirchenvorstands- und Synodalordnung von 1864 nach der preußischen Annexion weiter, auch das 1866 geschaffene Landeskonsistorium behielt seine Zuständigkeit (H/H II Nrn. 156 f., 163).

In Bayern übte der Monarch die Kirchenhoheit („die Kirchen-Polizei") und über die Protestanten auch das Kirchenregiment aus, dieses (nämlich „alle aus dem obersten Episcopat und der Leitung der innern Kirchen-Angelegenheiten hervorgehenden Geschäfte") seit 1809 durch ein Generalkonsistorium (H/H I Nrn. 277, 279). – Das Religionsedikt von 1818 regelte die staatskirchenrechtlichen Verhältnisse neu (H/H I Nr. 60). Es sah als Kirchenhoheitsrechte insbesondere das Placet und den *recursus ab abusu* vor und stellte die Verwaltung des Kirchenvermögens unter staatliche Aufsicht. Das Kirchenregiment („das oberste Episcopat und die daraus hervorgehende Leitung der Protestantischen innern Kirchen-Angelegenheiten") wurde seit 1818 durch ein selbständiges Ober-Consistorium ausgeübt (H/H I Nr. 280). 1824 versicherte der Monarch, daß er „in den innern Kirchenangelegenheiten der Protestanten ohne Mitwirkung (des) protestantischen Oberconsistoriums, welches darüber die Meinung der General-Synoden nach Umständen einholen mag, niemals irgend eine Veränderung vornehmen oder vorzunehmen gestatten" werde (H/H I Nr. 283); 1887 wurde dem Oberconsistorium ein Ausschuß der Generalsynode zur Beratung beigegeben (H/H II Nr. 469).

In den südwestdeutschen Staaten wurden die Kirchenhoheitsrechte über die katholische Kirche im Jahr 1830 durch gleichlautende Verordnungen (H/H I Nr. 114) festgelegt; darin wurden das Placet und der Rekurs vorgesehen, dem Bischof und den übrigen Geistlichen ein Treueid gegenüber der Staatsgewalt abverlangt und eine staatliche Mitwirkung an der Prüfung der neu zu bestellenden Geistlichen vorgesehen. – Das Kirchenregiment über die evangelische Kirche wurde in Baden vom Landesherrn als dem „obersten Landesbischofe" ausgeübt, doch wurde die Kirche schon 1821 mit beachtlichen synodalen Elementen ausgestattet (H/H I Nr. 293), die durch die Kirchenverfassung von 1861 (H/H II Nr. 178) noch gestärkt wurden. Im Großherzogtum Hessen wurde 1832 die Ausübung des landesherrlichen Kirchenregiments über die drei evangelischen Kirchen in weitem Umfang in die Hände eines evangelischen Oberconsistoriums gelegt ((H/H I Nr. 297); das Gewicht der presbyterial-synodalen Institutionen wurde 1849 bedeutend erhöht (H/H II Nr. 181). In Württemberg wurde nach 1848 die bisherige Konsistorialverfassung für die evangelische Kirche zunächst durch presbyterial-synodale Einrichtungen auf den unteren Ebenen ergänzt; 1867 wurde eine Landessynode eingeführt und mit beachtlichen Regelungsbefugnissen ausgestattet (H/H II Nrn.171–173).

Der Geist der Liberalisierung erfaßte auch das Verhältnis zwischen Staat und Kirchen. Dies fand auch in der Paulskirchenverfassung von 1849 Ausdruck: Jede Religionsgesellschaft sollte ihre Angelegenheiten selbständig ordnen und verwalten und nur den allgemeinen Staatsgesetzen unterworfen sein. Andererseits sollte keine Religionsgesellschaft durch den Staat Vorrechte vor anderen Religionsgesellschaften genießen. Insbesondere sollte keine Staatskirche bestehen (§ 147). Jeder Deutsche sollte volle Glaubens- und Gewissensfreiheit haben (§ 144), auch die Freiheit, kirchlichen Handlungen und Feierlichkeiten fernzubleiben (§ 148). Die bürgerliche Gültigkeit der Ehe sollte nurmehr durch einen bürgerlich-rechtlichen, nicht durch einen kirchlichen Akt hergestellt werden (§ 150). Der Frankfurter Verfassungsentwurf trat zwar nicht in Kraft, seine Ideen begannen aber, sich in Länderverfassungen und Einzelgesetzen zu realisieren.

So war in Preußen der Verkehr mit Rom schon im Jahr 1841 freigegeben und das Placet eingeschränkt worden (H/H I Nr. 193). Die Verfassungen von 1848 und 1850 gewährleisteten dann der evangelischen und der katholischen Kirche eine weitgehende Freiheit zur selbständigen Ordnung und Verwaltung ihrer Angelegenheiten. Die Verfassung vom 31.1.1850 (H Nr. 168) bestimmte: „Die evangelische und die römisch-katholische Kirche, so wie jede andere Religionsgesellschaft, ordnet und verwaltet ihre Angelegenheiten selbständig und bleibt im Besitz und Genuß der für ihre Kultus-, Unterrichts- und Wohlthätigkeitszwecke bestimmten Anstalten, Stiftungen und Fonds" (Art. 15). „Der Verkehr der Religionsgesellschaften mit ihren Oberen ist ungehindert. Die Bekanntmachung kirchlicher Anordnungen ist nur denjenigen Beschränkungen unterworfen, welchen alle übrigen Veröffentlichungen unterliegen" (Art. 16). „Das Ernennungs-, Vorschlags-, Wahl- und Bestätigungsrecht bei Besetzung kirchlicher Stellen ist, so weit es dem Staate zusteht, und nicht auf dem Patronat oder besonderen Rechtstiteln beruht, aufgehoben" (Art. 18).

Das badische Kirchengesetz für die evangelische und die katholische Kirche von 1860 (H/H II Nr. 96) überließ der evangelischen und der katholischen Kirche – unter Anerkennung ihrer Stellung als öffentlich-rechtliche Körperschaften – die selbständige Ordnung und Verwaltung ihrer Angelegenheiten. Das württembergische Kirchengesetz für die katholische Kirche von 1862 (H/H II Nr. 78) gab dieser gleichfalls ein weitgehendes Selbstverwaltungsrecht. Beide Gesetze unterstellten aber die Kirche einer besonderen Staatsaufsicht, die über die bloße Vereinsaufsicht hinausging; so wurden Mitwirkungs- und Kontrollrechte bei der Ausbildung der Geistlichen, der Besetzung der Kirchenämter, der Verwaltung des Kirchenvermögens und in anderen Angelegenheiten ausgeübt.

Nachweise in: Friedberg, §§ 19, 27, 78–85; Ebers, § 62–64; Huber VG, IV §§ 53 ff.

b) Konflikte zwischen Staat und Kirche

Neuralgische Punkte des deutschen Staatskirchenrechtes wurden in einer Reihe von Konflikten zwischen Staat und Kirche sichbar. Im Kampf um die Einfluß- und Kompetenzbereiche spielte insbesondere die Unterscheidung zwischen inneren und äußeren Angelegenheiten der Kirchen [Kap. 12b] eine Rolle. Die darin verborgene Unklarheit zeigt sich sogleich, wenn man die Frage stellt, ob und in welchen Hinsichten zum Beispiel Ehesachen oder die theologische Ausbildung innere oder äußere Angelegenheiten der Kirchen seien.

Das preußische Mischehenrecht bildete in den dreißiger Jahren Anlaß zu einem Zusammenstoß mit der katholischen Kirche: In Mischehen sollte die religiöse Erziehung der Kinder sich nach der Konfession des Vaters richten, so wollte es eine königliche Verfügung von 1803, die 1825 auf die westlichen Provinzen erstreckt wurde (H/H I Nrn. 123, 125). Demgegenüber setzte die katholische Kirche für die Einsegnung einer Ehe voraus, daß in allen Mischehen alle Kinder im katholischen Glauben erzogen würden, was Pius VIII. in einem Breve dem Erzbischof von Köln und den Bischöfen von Trier, Münster und Paderborn noch einmal einschärfte (H/H I Nr. 128). In einer Kompromißpraxis war man zunächst bemüht, dieser Auffassung die Härten zu nehmen (H/H I Nrn. 130 ff.). Dann aber versuchten der Kölner Erzbischof Droste von Vischering und der Erzbischof von Gnesen-Posen, Dunin, den rigorosen kirchlichen Standpunkt durchzusetzen, und es kam zum Konflikt (H/H I Nrn. 145, 178, 179). In dessen Verlauf wurde Droste von Vischering verhaftet und in Minden festgesetzt (1837) und Dunin wegen Ungehorsams gegen die Staatsgesetze zum Amtsverlust und zu Festungshaft verurteilt und 1839 in die Festung Kolberg verbracht (H/H I Nrn. 158, 160). Friedrich Wilhelm IV. lenkte bald nach seiner Thronbesteigung (1840) ein und gestattete die Rückkehr Dunins auf seinen Bischofsstuhl (H/H I Nr. 191). Droste von Vischering war es schon vorher gestattet worden, in seine ländliche Heimat und später nach Münster zu übersiedeln; doch blieben Spannungen zwischen dem protestantischen Altpreußen und den katholischen Provinzen im Westen bestehen.

Auch in Baden ließ es die inzwischen erstarkte katholische Kirche auf eine Kraftprobe ankommen. Im Jahr 1848 hatte die Würzburger Bischofsversammlung verlangt, die Kirche von der Staatsaufsicht freizustellen (H/H II Nr. 6). Gefordert wurden: Wegfall des Placets, Freiheit des Verkehrs der Bischöfe mit dem Heiligen Stuhl, Beseitigung des *recursus ab abusu*, eigenverantwortliche Klerikerausbildung, Aufsicht über den katholischen Religionsunterricht an allen öffentlichen Unterrichtsanstalten, eigenverantwortliche Besetzung kirchlicher Ämter, freie Verwaltung des Kirchenvermögens und anderes mehr. Die Bischöfe der oberrheinischen Kirchenprovinz drängten nun auf eine Verwirklichung dieses Begehrens. Als die Regierung dem nicht entsprach, kam es zu zahlreichen Aufsässigkeiten und Sticheleien. So ordnete der Freiburger Erzbischof v. Vicari an, die kirchlichen Feierlichkeiten für den 1852 verstorbenen evangelischen Großherzog Leopold von Baden ohne Hochamt durchzuführen. Im Jahr darauf sagten die oberrheinischen Bischöfe den Verordnungen vom 30.1.1830 [a] den Gehorsam auf. Staatsaufsichtliche Maßnahmen (H/H II Nr. 83) beantwortete v. Vicari damit, daß er über den eingesetzten Staatskommissar und alle Mitglieder des katholischen Oberkirchenrats den großen Kirchenbann verhängte. Im Mai 1854 stellte die Regierung den Erzbischof in seinem Palais unter Arrest, löste dadurch aber Unruhen im treuen Kirchenvolk aus und gab nach. Das schon erwähnte badische Kirchengesetz von 1860 [a] räumte den Kirchen ein weitgehendes Selbstverwaltungsrecht ein. Die Kehrseite der Lockerung des Verhältnisses zwischen Staat und Kirche war eine liberale Schulgesetzgebung, die schrittweise die geistliche Schulaufsicht beseitigte und christliche Gemeinschaftsschulen einführte (H/H II Nrn. 104, 111, 346). – Die Spannungen zwischen den südwestdeutschen Staaten und Rom zeigten sich auch darin, daß das badische Konkordat von 1859 wie zuvor schon das württembergische Konkordat von 1857 am Widerstand der Landtage scheiterte (H/H II Nrn. 76, 94).

Die Kölner Wirren und die südwestdeutschen Kirchenstreitigkeiten waren nur das Vorspiel zu einem mit dem Elan Bismarcks geführten Streit um die Grenzen der Staatskirchenhoheit. Der einflußreiche Gelehrte und rührige Politiker Rudolf Virchow hat diesen wenig treffend als „Kulturkampf" bezeichnet. Den Anlaß bot das auf dem Vatikanischen Konzil verkündete Unfehlbarkeitsdogma [Kap. 15b], das auch einige Breslauer und Bonner Theologieprofessoren und Braunsberger Religionslehrer, die im preußischen Staatsdienst standen, nicht anerkennen wollten. Der preußische Staat weigerte sich, diese Beamten aus ihren staatlichen Ämtern zu entfernen (H/H II Nrn. 207 ff.). In den Meinungsverschiedenheiten mit der katholischen Kirche, die aus diesem Anlaß entstanden, vertrat die katholische Abteilung des preußischen Kultusministeriums [a] mehr den kirchlichen als den staatlichen Standpunkt. Daraufhin wurde sie mit der Abteilung für evangelische Kirchenangelegenheiten zusammengelegt (H/H II Nr. 242).

1871 wurde – auf Antrag Bayerns – der „Kanzelparagraph" (§ 130a) in das Strafgesetzbuch eingefügt, der den Geistlichen bei Strafe verbot, in Ausübung ihres Amtes öffentlich oder in der Kirche Angelegenheiten des Staates in einer den öffentlichen Frieden gefährdenden Weise zum Gegenstand einer Verkündung oder Erörterung zu machen. Im Juli 1872 wurden der Jesuitenorden und die ihm verwandten Orden und Kongregationen in Deutschland durch ein Reichsgesetz verboten, das auf Initiative des Reichstags erging (H/H II Nr. 260).

In Preußen wurde im März 1872 die geistliche Schulaufsicht aufgehoben (H/H II Nrn. 247 f.). Im April 1873 wurde das verfassungsmäßige Recht der Kirche, ihre Angelegenheiten selbst zu ordnen und zu verwalten, durch den Vorbehalt der Staatsaufsicht eingeschränkt (H/H II Nr. 278). Dann folgten die vier preußischen Maigesetze von 1873: Das Gesetz über die Vorbildung und Anstellung der Geistlichen (H/H II Nr. 279) verlangte für den geistlichen Beruf ein deutsches Abitur, ein dreijähriges Theologiestudium an einer deutschen Universität und die Ablegung einer Staatsprüfung (das staatliche „Kulturexamen"). Auch erhielten die Chefs der Provinzialverwaltungen, die preußischen Oberpräsidenten, das Recht, gegen die Anstellung von Pfarrern Einspruch zu erheben. Ein zweites Gesetz (H/H II Nr. 283) stellte für kirchliche Disziplinarsachen den *recursus ab abusu* wieder her; der durch dieses Gesetz geschaffene Königliche Gerichtshof für kirchliche Angelegenheiten konnte ferner Geistliche ihres Amtes entheben. Ein drittes Gesetz (H/H II Nr. 284) schränkte den Gebrauch kirchlicher Straf- und Zuchtmittel ein. Ein viertes Gesetz (H/H II Nr. 285) gestattete den freien Austritt aus der Kirche. Auch in anderen Ländern ergingen – zum Teil übereinstimmende – Vorschriften, so in Hessen (H/H II Nrn. 349–354) und Baden (H/H II Nr. 340, 342). – Um diesen Ländergesetzen Schärfe zu verleihen, erging im Jahr 1874 ein Reichsgesetz, nach dem Geistlichen, die unbefugt ein Kirchenamt ausübten, unter näher bestimmten Voraussetzungen eine Aufenthaltsbeschränkung auferlegt oder sogar die Staatsangehörigkeit entzogen werden konnte (H/H II Nr. 298).

Eine dramatische Zuspitzung erfuhr die Auseinandersetzung, als 1874 wegen jener Maigesetze auf Bismarck ein Attentat verübt wurde (H/H II Nr. 304). Im gleichen Jahr erbot sich der Belgier Duchesne dem Jesuitenprovinzial von Belgien und dem Erzbischof von Paris zur Ermordung Bismarcks. Das Angebot wurde nicht angenommen, gab aber Anlaß zur Einführung des „Duchesneparagraphen" in das Strafgesetzbuch (damals § 49a, ähnlich heute § 30). Im Februar 1875 erklärte Pius IX. die Kulturkampfgesetze für ungültig (M Nr. 613), weil sie mit der Verfassung der heiligen Kirche (*„divinae ecclesiae constitutioni")* in Widerspruch stünden. Geistliche, die sich jenen staatlichen Gesetzen fügten, sollten exkommuniziert sein, was vielen einen Pflichtenkonflikt bescherte. Bismarck reagierte mit Gesetzen, welche die Kirche empfindlich trafen:

Für Preußen erging im April 1875 das sogenannte „Brotkorbgesetz", dem gemäß die staatlichen Leistungen für die katholischen Bistümer und Geistlichen eingestellt wurden, wenn diese sich nicht schriftlich verpflichteten, die Gesetze des Staates zu befolgen (H/H II Nr. 309). Durch ein weiteres Gesetz wurden alle katholischen Orden und ordensähnlichen Kongregationen verboten, die sich nicht ausschließlich der Krankenpflege widmeten (H/H II Nr. 310). Im gleichen Jahr wurden die Artikel 15, 16 und 18 der preußischen Verfassung aufgehoben, die eine Liberalisierung des Staatskirchenrechts gebracht hatten (H/H II Nr. 312).

Schon 1874 war in Preußen die obligatorische Zivilehe nach Napoleonischem Vorbild [Kap. 14 a] eingeführt worden. Durch das Personenstandsgesetz von 1875 wurde diese Regelung auf das ganze Reich ausgedehnt (H/H II Nr. 297). Damit wurde zugleich eine späte Konsequenz aus dem Mischehenstreit der dreißiger Jahre gezogen, aber auch ein Programm des Frankfurter Verfassungsentwurfs [a] verwirklicht.

Im Jahre 1878 starb Pius IX. Sein Nachfolger, Leo XIII. (1878–1903), ließ den Wunsch nach Frieden erkennen (H/H II Nr. 355). Auch Bismarck war zum Einlenken bereit, zumal ein beträchtlicher Teil der katholischen Bevölkerung sich auf die Seite der Kirche gestellt hatte. Nach mehreren tastenden Ansätzen wurde die Aussöhnung durch ein Vorspiel ritterlicher Diplomatie eingeleitet. Deutschland hatte im Jahre 1885 mit Spanien eine Auseinandersetzung um die Karolineninseln. Auf Vorschlag Bismarcks wurde das Schiedsrichteramt Leo XIII. übertragen. Der Schiedsspruch fiel zwar gegen Deutschland aus, aber aus Gründen, die Anerkennung fanden. Noch im gleichen Jahr verlieh der Papst an Bismarck den Christusorden (H/H II Nrn. 402f.).

Ein großer Teil der Kulturkampfgesetze wurde zurückgenommen (H/H II Nrn. 387, 391, 400, 414, 420, 436, 439–442), das Jesuitengesetz freilich erst 1904 gemildert und gegen Ende des Ersten Weltkrieges (1917) wieder ganz beseitigt (H/H III Nrn. 188, 205). Das Personenstandsgesetz und das Kirchenaustrittsgesetz blieben bestehen, desgleichen der „Kanzelparagraph", der erst im Jahr 1953 wieder aufgehoben wurde. Im Ergebnis war dem Staat eine stabile Kirchenhoheit gesichert, gleichwohl war es gelungen, die Auseinandersetzungen in ge-

genseitiger Achtung zu beenden und einen auch für die Kirche annehmbaren modus vivendi zu finden.

Nachweise in: Feine, §§ 48, 50 II; *Huber VG,* II §§ 16ff., III § 13, IV §§ 38–52; *HRG* Artikel: Kirchenrecht (Staatskirchenrecht), Kölner Wirren, Kulturkampf; *TRE* Artikel: Kulturkampf.

17. Die staatskirchenrechtliche Entwicklung seit 1918

a) Die Situation am Ende des Ersten Weltkrieges

Der Zusammenbruch der überkommenen Verfassungsordnung am Ende des ersten Weltkrieges berührte die evangelischen Kirchen stärker als die katholische. Jenen ging mit den Landesherren auch das landesherrliche Kirchenregiment verloren; so mußten sie sich auf eigene Füße stellen. Das Synodalprinzip – das schon in der Vergangenheit in der reformierten Kirche lebendig und auch in den lutherischen Kirchen neben das landesherrliche Kirchenregiment getreten war [Kap. 16 a] – wurde hier nun zum tragenden Verfassungsprinzip: so in Württemberg (H/H III Nrn. 228, 231, IV Nr. 287), Baden (H/H IV Nrn. 32 f., 288), Hessen (H/H IV Nrn. 35, 289), Preußen (H/H IV Nrn. 277 ff.), Bayern (H/H IV Nrn. 285 f.), Sachsen (H/H IV Nr. 290), Thüringen (H/H IV Nr. 291) und den anderen Ländern. In die interne Verfassungsstruktur der katholischen Kirche griffen jene Ereignisse nicht in gleicher Weise ein. Für sie ging es im wesentlichen darum, sich staatskirchenrechtlich mit dem Staat neu zu arrangieren.

Wie das Verhältnis zwischen Staat und Kirche zu gestalten sei, war bei Schaffung der Weimarer Verfassung umstritten. Liberalistische und sozialistische Auffassungen stießen vor allem mit den Vorstellungen der katholischen Kirche zusammen, während die evangelische Kirche nicht mit ebenso profilierten Zielsetzungen auftrat. Ihr lag daran, von staatlicher Aufsicht so weit wie möglich befreit zu werden; gegen eine Trennung von Staat und Kirche haben sich verschiedene evangelische Gremien bald mehr, bald weniger entschieden verwahrt (H/H IV Nrn. 9, 11, 17, 93 f.).

Sozialisten und Liberale waren zwar bereit, der Kirche weitgehende Freiheiten zuzubilligen, dies aber nur um den Preis einer Trennung von Staat und Kirche und einer Aufhebung der kirchlichen Privilegien (H/H IV Nrn. 2ff.). Die Sozialisten blieben grundsätzlich ihrem Erfurter Programm von 1891 (R Nr. 83) treu, in dem die Programmpunkte standen: „6. Erklärung der Religion zur Privatsache. Abschaffung aller Aufwendungen aus öffentlichen Mitteln zu kirchlichen und religiösen Zwecken. Die kirchlichen und religiösen Gemeinschaften sind als private Vereinigungen zu betrachten, welche ihre Angelegenheiten vollkommen selbständig ordnen. 7. Weltlichkeit der Schule [...]"

Anders die katholische Auffassung (H/H IV Nrn. 8, 15f.). Sie hatte sich noch nicht weit vom *Syllabus errorum* des Jahres 1864 [Kap. 15a] entfernt. Ihm galten die Trennung von Kirche und Staat und die Kultus- und Meinungsfreiheit als verwerfliche Irrlehren und damit verbunden auch die Ansichten, daß die ganze Leitung der öffentlichen Schulen der Staatsgewalt zustehen könne und Volksschulen ganz der Leitung der bürgerlichen und politischen Autorität unterstellt werden sollten. Zum Programm der katholischen Kirche gehörte die staatliche Konfessionsschule und daneben die Privatschulfreiheit für die Kirche, also ihr Recht, kirchliche Volks-, Mittel- und Hochschulen zu errichten. Dazu trat der Anspruch auf Garantie des Kirchenvermögens und des Kirchensteuerrechts. Diese Vorrechte der Kirchen sollten aber nicht mit staatlicher Bevormundung einhergehen: So forderte die katholische Kirche – wie übrigens auch die evangelische – ihre Angelegenheiten selbst zu ordnen und zu verwalten, insbesondere die Geistlichen ohne staatliche Einmischung zu ernennen und ihre Ausbildung selbst zu regeln, wobei es das Recht der Kirche sein müsse, von sich aus (nach ihrem „Selbstverständnis") zu bestimmen, welches kirchliche Angelegenheiten seien.

Bei dieser Verschiedenheit der Standpunkte konnte eine Einigung nur durch Kompromisse gefunden werden, die in der Weimarer Nationalversammlung zwischen Zentrum, Demokraten und Sozialdemokraten ausgehandelt wurden (H/H IV Nr. 95).

Nachweise in: Erler, Kap. 25.

b) Das staatskirchenrechtliche Modell der Weimarer Reichsverfassung

Das staatskirchenrechtliche Modell der Weimarer Verfassung läßt sich weder mit der Kategorie der Trennung von Kirche und Staat, noch mit jener der Staatskirchenhoheit treffend erfassen. Einerseits wurden die Kirchen nicht zu bloßen Vereinen des privaten Rechts herabgestuft, sondern blieben Körperschaften des öffentlichen Rechts und behielten ein Steuererhebungsrecht; der Religionsunterricht wurde als ordentliches Lehrfach vorgeschrieben; sogar die Einrichtung von Bekenntnisschulen war unter bestimmten Bedingungen vorgesehen. Andererseits wurde die Staatsaufsicht über die Kirchen weitgehend abgebaut. Von dem zentralen Recht der landesherrlichen Kirchengewalt, dem *ius reformandi*, blieb nichts übrig, das *ius circa sacra* [Kap. 12 b] schmolz zusammen. So hat man dieses System, das einerseits den öffentlich-rechtlichen Religionsgesellschaften eine bevorzugte Stellung einräumte, andererseits aber die korrespondierende Staatsaufsicht zusammenstrich, als „hinkende Trennung" von Staat und Kirche bezeichnet (Ulrich Stutz): eine zugunsten der Kirchen gemilderte Trennung von Kirche und Staat, in der die privilegierte Stellung der öffentlich-rechtlichen Religionsgesellschaften aufrechterhalten und gleichwohl die spezifische Staatsaufsicht über sie stark eingeschränkt war. Im einzelnen galten von nun an folgende staatskirchenrechtlichen Grundsätze, die auch noch unter dem Bonner Grundgesetz verbindlich sind [e]:

1. Der Staat ist religiös und weltanschaulich neutral: Es besteht keine Staatskirche (Art. 137 WRV). Keine Religionsgesellschaft wird vor anderen bevorzugt. Jeder genießt die Freiheit des Glaubens und des religiösen Bekenntnisses (Art. 135 WRV). Damit ist auch die negative Religionsfreiheit verbürgt: Jeder hat das Recht, aus einer Religionsgesellschaft auszutreten oder ihr fernzubleiben. Niemand darf zu einer kirchlichen Handlung oder Feierlichkeit oder zur Teilnahme an religiösen Übungen oder zur Benutzung einer religiösen Eidesform ge-

zwungen werden (Art. 136 Abs. 4 WRV). Die bürgerlichen und staatsbürgerlichen Rechte und Pflichten werden durch die Ausübung dieser Religionsfreiheit weder bedingt noch beschränkt. Der Genuß bürgerlicher und staatsbürgerlicher Rechte und die Zulassung zu öffentlichen Ämtern sind unabhängig von dem religiösen Bekenntnis (Art. 136 Abs. 1 und 2 WRV; ähnlich das Bonner Grundgesetz in Art. 33 Abs. 3). Kein Beamter darf also nach konfessionellen Gesichtspunkten eingestellt oder befördert werden – außer dort, wo die Ausübung des Berufes eine konfessionelle Zugehörigkeit voraussetzt, wie etwa bei einem Theologieprofessor an einer staatlichen Hochschule. Auf solche Weise wird auch mittelbarem Religionszwang vorgebeugt. Grundsätzlich ist auch niemand verpflichtet, seine religiöse Überzeugung zu offenbaren: Die Behörden dürfen nur noch insoweit nach der Zugehörigkeit zu einer Religionsgesellschaft fragen, als davon Rechte und Pflichten – z.B. die Kirchensteuerpflicht – abhängen oder eine gesetzlich angeordnete statistische Erhebung es erfordert (Art. 136 Abs. 3 WRV).

2. Gewisse Rechte – wie das Steuererhebungsrecht und das Recht, öffentlich-rechtliche Dienstverhältnisse zu begründen – sind solchen Religionsgesellschaften vorbehalten, die Körperschaften des öffentlichen Rechts sind. Doch wird auch hier die staatskirchenrechtliche Neutralität gewahrt: Die Kirchen behalten ihren bisherigen Körperschaftsstatus. Andere – auch nichtchristliche – Religionsgesellschaften, die bisher keine Körperschaften des öffentlichen Rechts waren, haben ein Recht darauf, Körperschaften des öffentlichen Rechts zu werden, wenn sie durch ihre Verfassung und die Zahl ihrer Mitglieder die Gewähr der Dauer bieten (Art. 137 Abs. 5 WRV). Kirchen und sonstige Religionsgesellschaften mit öffentlich-rechtlichem Körperschaftsstatus unterscheiden sich aber von anderen Körperschaften des öffentlichen Rechts (wie z.B. Landkreisen und Gemeinden): Sie erfüllen – anders als in einem staatskirchenrechtlichen System – Aufgaben, die der Staat nicht mehr als die seinen betrachtet. Kurz, sie üben keine „mittelbare Staatsverwaltung" aus.

3. Religionsgesellschaften, die Körperschaften des öffentlichen Rechts sind, dürfen nach Maßgabe der landesrechtlichen Bestimmungen Steuern erheben (Art. 137 Abs. 6 WRV). Die landesrechtlichen Kirchensteuergesetze sehen gewöhnlich vor, daß eine Kirchensteuer in Form eines Zuschlages zur Einkommensteuer und daneben ein Kirchgeld erhoben werden kann.

Eine zusätzliche Bevorzugung der Kirchen liegt in der Gewährung von Staatsleistungen an sie. Diese sind zum Teil Relikte aus der Zeit des Staatskirchentums, in der die Kirche eine Staatsanstalt war, die ihren Finanzbedarf vom Staat gedeckt erhielt. Zum Teil werden Staatsleistungen als Ausgleich dafür gewährt, daß der Staat Kirchenvermögen säkularisierte; so enthielt der Reichsdeputationshauptschluß eine Garantie für die feste und bleibende Ausstattung der Domkirchen [Kap. 14 b]. Auch in Konkordaten und Kirchenverträgen wurden Staatsleistungen vereinbart. Nicht zuletzt können „Staatsleistungen" an Religionsgesellschaften in der Gewährung von Steuervorteilen liegen, so etwa, wenn Bürger ihre Kirchensteuern von dem Einkommen absetzen dürfen, das der staatlichen Besteuerung unterliegt. – In den Weimarer Verfassungsberatungen erschienen den Befürwortern einer Trennung von Staat und Kirche alle solche Staatsleistungen unangebracht. Als Kompromißformel bestimmte Art. 138 Abs. 1 WRV: „Die auf Gesetz, Vertrag oder besonderen Rechtstiteln beruhenden Staatsleistungen an die Religionsgesellschaften werden durch die Landesgesetzgebung abgelöst. Die Grundsätze hierfür stellt das Reich auf." Doch wurden bis heute weder die angekündigten Ablösungsgesetze, noch die Ablösungsgrundsätze erlassen.

4. Die schulpolitischen Forderungen der katholischen Kirche wurden in der Weimarer Verfassung nur zum Teil verwirklicht. Der Religionsunterricht in der staatlichen Schule wurde als ordentliches Lehrfach gewährleistet und sollte in Übereinstimmung mit den Grundsätzen der betreffenden Religionsgesellschaft erteilt werden. Auch die Privatschulfreiheit wurde gewährt, private Volksschulen wurden aber nur beschränkt zugelassen (Art. 147, 149 WRV). Nach dem Zweiten Weltkrieg hat das Bonner Grundgesetz auch diese Grundsätze im we-

sentlichen übernommen (Art. 7 GG): Der Religionsunterricht ist, soweit nicht die Bremer Klausel (Art. 141 GG) eingreift, ordentliches Lehrfach. Er muß in Übereinstimmung mit den Grundsätzen der Religionsgemeinschaften erteilt werden. Demgemäß bedürfen katholische Lehrer, die Religionsunterricht erteilen wollen (was jedem freisteht), hierzu der missio canonica; durch die Möglichkeit, diese wieder zu entziehen, kann die Kirche mittelbar ein gewisses Maß an Schulaufsicht ausüben. Auch die in der Weimarer Verfassung vorgesehene Privatschulfreiheit ist im Grundgesetz aufrechterhalten.

Vor allem hinsichtlich der Schulform blieben katholische Wünsche unerfüllt. Nach dem (heute nicht mehr geltenden) *Codex Juris Canonici* von 1917 sollten katholische Kinder weder konfessionell neutrale, noch Gemeinschaftsschulen besuchen (c.1374). Daraus ergab sich die Forderung nach katholischen Bekenntnisschulen. Das sind Schulen, in denen die Kinder von katholischen Lehrern nach den Grundsätzen des katholischen Bekenntnisses unterrichtet werden. Demgegenüber sah die Weimarer Verfassung als Regel die Gemeinschaftsschule vor, allerdings mit dem Vorbehalt, daß auf Antrag von Erziehungsberechtigten Bekenntnis- oder Weltanschauungsschulen zu errichten waren, so weit das mit einem geordneten Schulbetrieb vereinbar war (Art. 146 WRV). Dies wurde aber dadurch gemildert, daß bis zum Erlaß eines Reichsschulgesetzes das bisherige Schulsystem – das war in vielen Ländern die Konfessionsschule – beibehalten werden sollte (Art. 174 WRV); das Reichsschulgesetz wurde nicht erlassen. – Heute überläßt das Bonner Grundgesetz die Wahl des Schulsystems den Ländern (Art. 7 GG).

5. Nach Art. 137 Abs. 3 WRV hat jede Religionsgesellschaft das Recht, ihre Angelegenheiten selbständig innerhalb der Schranken der für alle geltenden Gesetze zu ordnen und zu verwalten und ihre Ämter ohne Mitwirkung des Staates oder der bürgerlichen Gemeinden zu verleihen. Durch diese Bestimmung verzichtete der Staat auf die bis dahin bestehenden Nominations-, Präsentations- und Bestätigungsrechte. Das schließt es aber nicht aus, in Konkordaten und Kirchenverträ-

gen Vorbehalte zu vereinbaren, etwa hinsichtlich der Staatsangehörigkeit oder der Vorbildung der Geistlichen, oder eine „politische Klausel" aufzunehmen, des Inhalts, daß die Kirche nur Personen zu Bischöfen ernennt, die dem Staat genehm (*persona grata*) sind.

Das Selbstverwaltungsrecht der Religionsgesellschaften gilt jedoch nur „innerhalb der Schranken des für alle geltenden Gesetzes". Ein solches Gesetz darf Religionsgesellschaften nur in gleicher Weise beschränken wie jeden anderen und sich insbesondere nicht speziell gegen ihre religiöse Aufgabe richten. Aber auch allgemeine – z.B. arbeitsrechtliche – Gesetze dürfen das Selbstverwaltungsrecht nur unter Beachtung der Verhältnismäßigkeit und des Übermaßverbotes einschränken, sind also nur zulässig, wenn sie durch Zwecke gerechtfertigt sind, die schwerer wiegen als die Einschränkung des religionsgesellschaftlichen Selbstverwaltungsrechts, und eine weniger einschneidende Regelung nicht genügt.

Von einer spezifischen Körperschaftsaufsicht sind die Kirchen freigestellt – trotz ihres Charakters als Körperschaften des öffentlichen Rechts, trotz der Fortgewährung von Staatsleistungen und trotz einer Rücksichtnahme auf die schulpolitischen Forderungen der Kirchen. In der Weimarer Zeit leitete man eine begrenzte staatliche Körperschaftsaufsicht noch aus allgemeinen Grundsätzen her: Diese sei notwendiges Korrelat der öffentlich-rechtlichen Stellung von Religionsgesellschaften (Korrelatentheorie). – Anders sieht es die heute herrschende Meinung: Eine Körperschaftsaufsicht, die über die allgemeine Vereinsaufsicht hinausgeht, sei nur dort am Platz, wo Körperschaften Aufgaben wahrnehmen, für die der Staat die Verantwortung trägt; hier müßten Aufsichtsrechte die Erfüllung der Aufgaben sichern. Da aber die Religionsgesellschaften ihre Aufgaben heute aus eigener Verantwortung und nicht mehr als Staatsaufgaben wahrnehmen, sei es nicht erforderlich, dem Staat für die Erfüllung dieser Aufgaben, die nicht mehr die seinen sind, eine spezifische Körperschaftsaufsicht einzuräumen.

Nachweise in: Huber VG, VI §§ 58 ff.; s. auch unter e.

c) Konkordatäre Partnerschaft

Der wachsenden Emanzipation der Kirchen aus der Staatsgewalt entsprach es, staatskirchenrechtliche Fragen zunehmend durch Konkordate und Kirchenverträge zu regeln.

Über die Rechtsnatur der Konkordate gab es im Laufe der Geschichte verschiedene Theorien: Die Auffassung des kirchlichen Absolutismus war die Privilegientheorie: Ein Konkordat habe nur das äußere Gewand eines Vertrages, in Wahrheit beinhalte es einseitig vom Papst gewährte und daher grundsätzlich widerrufbare Zugeständnisse. Der Standpunkt des staatlichen Absolutismus war die Legaltheorie: Der Staat könne über innerstaatliche Verhältnisse – zu denen auch das Staatskirchenrecht gehöre – nicht paktieren, sondern nur Gesetze erlassen; ein Konkordat sei also nur das äußere Gewand einer einseitigen Regelung des Staates, die als solche vom Staat einseitig wieder rückgängig gemacht werden könne.

Die heute herrschende Auffassung erachtet Konkordate für echte Verträge. Gegen ihren Charakter als völkerrechtliche Verträge spricht aber, daß ihr wesentlicher Inhalt die innerstaatliche Ordnung des Verhältnisses zwischen Staat und Kirche ist. Noch deutlicher wird das bei Kirchenverträgen mit der evangelischen Kirche, die den gleichen Gegenstand regeln wie Konkordate und inhaltlich oft weitgehend mit diesen übereinstimmen, bei denen aber überhaupt kein Völkerrechtssubjekt sichtbar wird, das dem Staat als Vertragspartner gegenüberträte. Ob man Konkordate wie Kirchenverträge deshalb als „Verträge sui generis", „quasivölkerrechtliche" Verträge oder „Staatsverträge" bezeichnen will, ist eine zweitrangige Frage; wesentlich ist, daß sie nach heute herrschender Ansicht als Verträge weder einseitig widerrufen, noch einseitig interpretiert werden können.

In der Weimarer Zeit kamen Konkordate mit Bayern, Preußen und Baden zustande (H/H IV Nrn. 174, 183, 193). In ihnen finden sich etwa Abmachungen über die Besetzung geistlicher Ämter, Vereinbarungen über das Schul- und Hochschulwesen, zumal über die Bekenntnisschule, und Zusicherungen von Staatsleistungen. Im preußischen Konkordat wurden auch Abreden über die Diözesaneinteilung getroffen, obwohl diese nach Art. 137 WRV in der ungehinderten eigenen Organisationbefugnis der katholischen Kirche gelegen hätte; so wurden Breslau und Paderborn zu Sitzen von Erzbistümern erhoben und die bischöflichen Diözesen Berlin und Aachen neu eingerichtet. – Neben den Konkordaten mit der katholischen Kirche wurden in mehreren Ländern Kirchenverträge mit den evangelischen Kirchen geschlossen, die zum Teil Parallelen zu den Konkordaten enthielten (H/H IV Nrn. 297 f., 309, 316), zum Teil sich im wesentlichen auf finanzielle Auseinandersetzungen und eine Regelung der Staatsleistungen beschränkten (H/H IV Nrn. 296, 301 f., 304 f., 307).

Im Jahre 1933 wurde ein Konkordat zwischen dem Deutschen Reich und dem Heiligen Stuhl vereinbart. Hitler lag daran, innenpolitisch seine Stellung zu festigen und außenpolitisch salonfähig zu werden. So ging er unmittelbar nach der „Machtergreifung" auf einen seit Jahren angemeldeten Wunsch der katholischen Kirche ein und schickte von Papen zu Verhandlungen über ein Reichskonkordat nach Rom, das am 20.6.1933 unterzeichnet wurde und am 10.9.1933 in Kraft trat (H/H IV Nrn. 261, 263). Es tastete die bestehenden Länderkonkordate nicht an; diese sollten sogar in erster Linie angewendet werden, das Reichskonkordat ihnen gegenüber nur subsidiär eingreifen (Art. 2 RK). Die bisherigen diplomatischen Beziehungen sollten – durch einen päpstlichen Nuntius in der Reichshauptstadt und einen deutschen Botschafter beim Heiligen Stuhl – aufrecht erhalten werden (Art. 3 RK). Das Konkordat bestätigte der Kirche die schon verfassungsmäßig vorgesehene freie Besetzbarkeit der Kirchenämter (Art. 14 RK), die Freiheit zur Gründung, Niederlassung und Betätigung kirchlicher Orden und Organisationen (Art. 15, 31 RK) und das Eigentum (Art. 17 RK). Im Schulrecht wurden nicht nur wichtige Positionen festgelegt, sondern auch beträchtliche neue Konzessionen gemacht: Der katholische Religionsunterricht sollte in den Volksschulen, Berufsschulen, Mittelschulen und höheren Lehranstalten ordentliches Lehrfach sein (Art. 21 RK). Bei der Anstellung von katholischen Religionslehrern sollte eine Verständigung zwischen dem Bischof und der Landesregierung stattfinden (Art. 22 RK). Die Beibehaltung und Neuerrichtung katholischer Bekenntnisschulen wurde gewährleistet (Art. 23 RK). Die katholisch-theologischen Fakultäten an den staatlichen Hochschulen sollten erhalten bleiben (Art. 19 RK), die Kirche sollte aber auch das Recht haben, eigene philosophisch-theologische Hochschulen einzurichten (Art. 20 RK). Ein Geistlicher sollte ein staatliches Amt nur mit kirchlichem Einverständnis übernehmen dürfen. Dieses kirchliche „nihil obstat" sollte jederzeit aus wichtigen kirchlichen Gründen widerrufbar sein (Art. 7 RK). – Auch die Kirche machte Zusagen; so hinsichtlich der Ausbildung und der Staatsangehörigkeit der Geistlichen. Ferner wurde eine „politische Klausel" vereinbart, nach welcher Bischöfe und näher bezeichnete Prälaten erst ernannt weden sollten, wenn feststand, daß gegen sie keine politischen Bedenken vorlägen (Art. 14 Abs. 2 Nr. 2 RK). Auch sollten die Bischöfe gehalten sein, vor ihrem Amtsantritt dem Reich und dem Land einen Treueid zu leisten (Art. 16 RK).

Nachweise in: Huber VG, VI § 61; A. Hollerbach, J. Listl (zu e); EvStL Artikel: Vertragskirchenrecht.

d) Noch einmal Nero

Der nationalsozialistische Staat setzte sich erst verhüllt, dann immer offener über das Reichskonkordat hinweg. Den katholischen Organisationen, deren Existenz in Art. 31 RK garantiert war, wurden ihre Mitglieder entzogen (Neuhäusler S. 165 ff.). Kirchliche Orden, die ebenfalls gewährleistet waren, wurden weitgehend auf dem Verwaltungswege bedrängt und verdrängt (Neuhäusler S. 122 ff.). Man dachte auch nicht daran, Konfessionsschulen neu einzuführen oder auch nur im bisherigen Umfang beizubehalten, vielmehr wurden die Konfessionsschulen fortschreitend zurückgedrängt und durch Gemeinschaftsschulen ersetzt (Neuhäusler S. 87ff.). Verschiedene Priesterseminare und theologische Fakultäten wurden geschlossen (Neuhäusler S. 104f., 152, 354).

Die wahre Gesinnung und zunehmend die Praxis der Regimes fand später in einem Geheimerlaß Bormanns (Neuhäusler S. 358ff.) Ausdruck: „Aus der Unvereinbarkeit nationalsozialistischer und christlicher Auffassungen folgt, daß eine Stärkung bestehender und jede Förderung neu entstehender christlicher Konfessionen von uns abzulehnen ist. Ein Unterschied zwischen den christlichen Konfessionen ist hierbei nicht zu machen. Aus diesem Grunde ist daher auch der Gedanke auf Errichtung einer evangelischen Reichskirche unter Zusammenschluß der verschiedenen evangelischen Kirchen endgültig aufgegeben worden, weil die evangelische Kirche uns genauso feindlich gegenübersteht wie die katholische Kirche. [...] In früheren Generationen lag die Volksführung ausschließlich in den Händen der Kirche. Der Staat beschränkte sich darauf, Gesetze und Verordnungen zu erlassen und vor allem zu verwalten. Die eigentliche Volksführung aber lag nicht beim Staat, sondern bei der Kirche. [...] Zum erstenmal in der deutschen Geschichte hat der Führer die Volksführung bewußt und vollständig selbst in der Hand. Mit der Partei, ihren Gliederungen und angeschlossenen Verbänden hat der Führer sich und damit der deutschen Reichsführung ein Instrument geschaffen, das ihn von der Kirche unabhängig macht. [...] Immer mehr muß das Volk den Kirchen und ihren Organen, den Pfarrern, entwunden werden. [...] Niemals [...] darf den Kirchen wieder ein Einfluß auf die Volksführung eingeräumt werden. Dieser muß restlos und endgültig gebrochen werden. [...] Ebenso wie die schädlichen Einflüsse der Astrologen, Wahrsager und sonstiger Schwindler ausgeschaltet und durch den Staat unterdrückt werden, muß auch die Einflußmöglichkeit der Kirche restlos beseitigt werden."

Auf seiten der Kirchen und der Christen kam – wie nicht anders zu erwarten – die ganze Breite menschlicher Eigenschaften zum Zuge: Naivität, Opportunismus und Feigheit, aufrechte Gesinnung, Opferbereitschaft und Heldenmut. Für das eine stehen zahlreiche karrierebewußte Kirchenaustritte und die von Joachim Hossenfelder geführte, unter dem Einfluß der NSDAP 1932 entstandene Glaubensbewegung der „Deutschen Christen", in der sich auch Anhänger eines artgemäßen Christentums fanden, die einen Arier-Paragraphen für Kirche und Pfarrer und zum Teil auch die Abschaffung des Alten Testaments als Glaubensgrundlage forderten (Hofer Nr. 67 b). Auf der anderen Seite stand das Zusammenrücken mutiger Protestanten zum Pfarrernotbund und der „Bekennenden Kirche" (Hofer Nrn. 68, 74 ff.), der Kampf des Kardinals Clemens August Graf von Galen, des „Löwen von Münster", und des württembergischen Landesbischofs Theophil Wurm gegen menschenverachtende Praktiken des Regimes (Hofer Nr. 89 f.) und der Bekennermut und Widerstand Einzelner, wie der Theologen Bonhoeffer und Delp, der oft in den Tod oder ins Konzentrationslager führte. In einem der Dokumente und Denkmale aufrechter Haltung – der Barmer Theologischen Erklärung von 1934 (Hofer Nr. 75) – hieß es: „Wir verwerfen die falsche Lehre, als gebe es Bereiche unseres Lebens, in denen wir nicht Jesus Christus, sondern anderen Herren zu eigen wären. [...] Wir verwerfen die falsche Lehre, als dürfe die Kirche die Gestalt ihrer Botschaft und ihrer Ordnung ihrem Belieben oder dem Wechsel der jeweils herrschenden weltanschaulichen und politischen Überzeugung überlassen". „Wir verwerfen die falsche Lehre, als solle und könne der Staat über seinen besonderen Auftrag hinaus die einzige und totale Ordnung menschlichen Lebens werden und also auch die Bestimmung der Kirche erfüllen."

Nachweise in: J. Neuhäusler, Kreuz und Hakenkreuz, 1946; *W. Hofer*, Der Nationalsozialismus, 1981; *Erler*, Kap. 27; *v. Campenhausen*, § 10 II; *TRE* Artikel: Nationalsozialismus und Kirchen.

c) Entwicklungstendenzen der Nachkriegszeit

Die unter sowjetische Besatzung geratenen deutschen Länder lebten noch vierzig Jahre unter einem Regime, das den

Kirchen distanziert, wenn nicht feindlich gegenüberstand, jetzt unter der Herrschaft des Gedankens, die Religion sei „Opium fürs Volk [...] eine Art geistiger Fusel, in dem die Sklaven des Kapitals ihre Menschenwürde und ihren Anspruch auf eine halbwegs menschenwürdige Existenz ersäufen. [...] Der Staat soll mit der Religion nichts zu tun haben [...]. Jeder muß vollkommen frei sein, sich zu jeder beliebigen Religion zu bekennen oder auch gar keine Religion anzuerkennen, das heißt Atheist zu sein, was ja in der Regel jeder Sozialist auch ist" (Lenin, Sozialismus und Religion, 1905).

In Westdeutschland standen die Väter des Bonner Grundgesetzes, wie die Verfassungsväter von Weimar, vor der Notwendigkeit eines staatskirchenrechtlichen Kompromisses. Sie wählten den bequemen und – angesichts des fortschreitenden weltanschaulichen Pluralismus für die Kirchen vorteilhaften – Weg, die Kirchenrechtsartikel der Weimarer Verfassung kurzerhand zu rezipieren (Art. 140 GG). So ist das staatskirchenrechtliche System der Weimarer Verfassung – trotz des gelegentlich behaupteten „Sinnwandels" – im wesentlichen auch das des Bonner Grundgesetzes.

Aus dem Zusammenbruch des Reichs gingen die Kirchen neben den wieder gegründeten politischen Parteien und den Gewerkschaften „sozusagen als die Entrechteten des überwundenen Regimes hervor. Daraus wuchs ihnen ein sehr starker politischer Geltungsanspruch zu, den ihnen keine andere Autorität streitig machte." Zudem hatten die Kirchen „als einzige den Zusammenbruch mit einer intakten Organisation überdauert. Ihr Organisationsgefüge stellte lange Zeit die einzige gesamtdeutsche Organisation und Repräsentation dar. Das galt für die nationale Integration nach innen, innerhalb deren die Bischöfe sich über ihr Hirtenamt hinaus zu Sprechern und Helfern des Volkes in seiner Not erhoben, wie auch für die Öffnung der Tore nach außen. Als erste nach dem Zusammenbruch des Reiches haben die Kirchen wieder Brücken zu anderen Staaten und Völkern schlagen können und wieder die Einbeziehung Deutschlands in die Gemeinschaft der westlichen Staatenwelt angebahnt. Man wird auch nicht vergessen dürfen, daß die kirchliche Lebens- und Sittenordnung jahrelang stellvertretend das deutsche Sozialgefüge gehalten hat" (W. Weber S. 46).

Positionen konnten die Kirchen in verschiedenen Bereichen gewinnen: Das kirchliche Schulwesen wurde nicht nur durch die Wiederherstellung der Privatschulfreiheit, sondern auch durch staatliche Zuschüsse neu gefestigt. Das Kirchensteuersystem hat – bei gleichzeitigem Abbau der staatsaufsichtlichen Finanzkontrolle – den Kirchen eine bedeutende Finanzkraft zugeführt. Bedeutenden Einfluß konnten die Kirchen in öffentlichen Organen und auf öffentliche Organe gewinnen, auch durch Verbindungen zu Regierungen und Schlüsselstellen der Bürokratie und nicht zuletzt durch Einwirkungen auf die öffentliche Meinung. Auch die Sozialdemokratie hält es für nützlich, sich an der Kirchentür zu zeigen und auf Kirchentagen präsent zu sein. Das ruppige Erfurter Programm [a] wurde längst durch die konziliante Formulierung des Godesberger Programms (R Nr. 113) ersetzt, wonach die Sozialdemokratische Partei die Kirchen und Religionsgesellschaften, ihren besonderen Auftrag und ihre Eigenständigkeit achtet und ihren öffentlich-rechtlichen Schutz bejaht.

Die in der Weimarer Zeit begonnene Konkordats- und Kirchenvertragspraxis wurde fortgeführt. Der Zusammenbruch des Reiches hat die Fortgeltung der Konkordate und Kirchenverträge nicht berührt. Das gilt auch für das Reichskonkordat, das nach Ansicht des Bundesverfassungsgerichts (BVerfGE 6, 309) die Bundesrepublik als Gesamtstaat bindet. Wenn sich aber ein Bundesland über Bestimmungen des Konkordats hinwegsetzt, hat der Bund keine verfassungsrechtliche Möglichkeit, dieser Verletzung des Konkordats mit staatsrechtlichen Mitteln zu begegnen, weil den Ländern nach der innerstaatlichen Kompetenzenverteilung die Kultushoheit zukommt. – Inzwischen haben in großer Breite die Länder selbst ihre Beziehungen zu den großen Kirchen durch Konkordate und Kirchenverträge näher ausgestaltet und auch die Vorkriegsverträge den veränderten Verhältnissen angepaßt.

Zeitweilig gewann sogar die Ansicht an Boden, das Staatskirchenrecht trage nun überhaupt partnerschaftlichen Charakter und entgleite wieder der Souveränität des Staates. Das Verhältnis zwischen Staat und Kirchen sei nicht länger das einer Subordination, sondern das einer Koordination. Dieser Gedanke kam der Staatslehre Leos XIII. [Kap. 16 b] nahe, wie sie in der Enzyklika *Immortale Dei* (1885) Ausdruck fand (H/H III Nr. 137): Gott hat „die Sorge für das Menschengeschlecht zwei Gewalten zugeteilt: der geistlichen und der weltlichen. Die eine hat er über die göttlichen Dinge gesetzt, die andere über die menschlichen. Jede ist in ihrer Art die höchste; jede hat ihre gewissen Grenzen, welche ihre Natur und ihr nächster und unmittelbarer Gegenstand gezogen haben". Was sich „auf das Heil der Seelen und den Gottesdienst bezieht, [...] all das ist der kirchlichen Gewalt und ihrem Urteil unterstellt; alles andere dagegen, was den bürgerlichen oder politischen Bereich betrifft, ist mit vollem Recht der staatlichen Gewalt unterworfen." Eine staatsrechtliche Formulierung fand dieses Koordinationsprinzip in der italienischen Verfassung von 1947: „Der Staat und die Katholische Kirche sind, jeder in seinem eigenen Bereich, unabhängig und souverän" (Art. 7 Abs. 1). – Aus dem dogmatischen Traum von der Partnerschaft mußte ein konfessionell neutraler Staat aber spätestens durch das Erstarken fundamentalistischer Bewegungen und das Auftauchen radikaler Sekten aufgeweckt werden: Wollte der auf weltanschauliche Neutralität verpflichtete Staat auch in ihnen gleichgeordnete Partner sehen? Oder wollte er sich an seine übergeordnete Aufgabe erinnern, für Rechtsfrieden zu sorgen und Schaden abzuwenden?

Man hat auch die Frage gestellt, ob und wie sich die weltanschauliche Neutralität des Staates mit einer politischen Wirksamkeit der Kirchen vereinbaren lasse. In einer Demokratie – die ihre Legitimationsgrundlage in den gewissenhaften und gleichberechtigten Überzeugungen ihrer Bürger sucht – lautet die Antwort: Auch die in der Gemeinschaft vorhandenen religiösen Vorstellungen finden – wie andere in der Gemeinschaft lebendige Anschauungen und gesellschaftliche Kräfte – einen legitimen Platz in dem offenen Prozeß demokratischer Meinungsbildung und demokratischen Interessenausgleichs: In ständiger Auseinandersetzung zwischen den sich begegnenden sozialen Kräften, Interessen und Ideen – zu denen nicht zuletzt die in einem Volke wirkenden religiösen Vorstellungen gehören – sollen sich auch die politischen Ziele klären und wandeln (BVerfGE 5, 135, 198).

Zugleich soll der Staat in diesem offenen und offenzuhaltenden demokratischen Prozeß Heimstatt aller Bürger ohne Ansehen ihrer Weltanschauung bleiben – eine problembeladene Aufgabe. Kommt es zu einem Konflikt zwischen einem konfessionell bestimmten Mehrheitswillen und dem Anspruch Einzelner, in ihren hiervon abweichenden Glaubensmeinungen geachtet zu werden, so gilt auch hier, daß Grundrechte als „Minderheitenschutz" gegen demokratische Majorisierung zu wirken haben. In neuer Wendung begegnet uns hier der schon im alten Reichstag erprobte Gedanke, daß in Glaubensfragen nicht majorisiert werden darf, sondern ein gütlicher Ausgleich, eine *„amicabilis compositio"*, zu suchen ist [Kap. 9e]. In Glaubensfragen soll jeder dem anderen die Toleranz entgegenbringen, die er für sich selber in Anspruch nimmt, das heißt: Wer fremde Glaubensinhalte nicht aufgedrängt haben will, darf auch nicht wollen, daß seine Glaubensinhalte anderen aufgedrängt werden. Für den Konfliktfall bedeutet das eine „Privatisierung" der Glaubensinhalte und staatliche Neutralität. Mit dieser wäre es insbesondere unvereinbar, religiöse Symbole, solange sie als Ausdruck eines Bekenntnisses verstanden werden, zur staatlichen Selbstdarstellung zu verwenden. So darf zum Beispiel niemand gezwungen werden, entgegen seiner religiösen oder weltanschaulichen Überzeugung in einem Gerichtssaal zu verhandeln, der mit einem Kreuz ausgestattet ist (BVerfGE 35, 375 f.).

In Schulen werden Religionsunterricht (Art. 7 Abs. 3 GG) – in religiös geprägten Schularten auch andere religiöse Unterrichtsinhalte, Riten und Symbole – denen angeboten, die sich darauf einlassen wollen; auch sie dürfen aber nicht aufgedrängt werden (vgl. Art. 7 Abs. 2 GG). Mitunter entsteht dabei ein Konflikt: zwischen dem Wunsch der einen, in staatlichen Schulen ein Milieu vorzufinden, das in ihrem Sinne religiös geprägt ist, und dem Anspruch der anderen, daß ihnen der Staat Glaubensinhalte nicht ungebeten vorsetze. Hat in einem solchen Interessenwiderstreit der eine Teil eine zumutbare Ausweichmöglichkeit, sich – etwa durch Wahl einer anderen Schulart – dem religiösen Einfluß zu entziehen, soll er davon Gebrauch machen. Hat er sie nicht, wird man der Ansicht des Bundesverfassungsgerichts (BVerfGE 93, 15 ff.) folgen, daß es nicht Aufgabe der Behörden ist, religiöse Inhalte auch Widerstrebenden vorzugeben, womit dieses Gericht sich dem noblen Standpunkt des nordamerikanischen Supreme Court [Kap. 12 b] annähert, daß jedermanns Gebet aus seiner eigenen Seele kommen soll.

Nachweise in: W. *Weber*, Spannungen und Kräfte im Westdeutschen Verfassungssystem, 3. Aufl. 1970; A. *Hollerbach*, Verträge zwischen Staat und Kirche in der BRD, 1965; H. *Quaritsch, H. Weber (Hrsg.),* Staat und Kirchen in der Bundesrepublik, 1967; J. *Listl (Hrsg.),* Die Konkordate und Kirchenverträge in der BRD, 1987; D. *Pirson, J. Listl (Hrsg.),* Handbuch des Staatskirchenrechts in der BRD, 2. Aufl., Bd. I 1994, Bd. II 1995; *v. Campenhausen*, §§ 11 ff.; *HRG* Artikel: Kirchenrecht (Staatskirchenrecht).

Quellensammlungen und Abkürzungsverzeichnis

B   A. Buschmann, Kaiser und Reich, 1984

Ho   H.H. Hofmann, Quellen zum Verfassungsorganismus des Heiligen Römischen Reiches Deutscher Nation, 1976

H   E.R. Huber, Dokumente zur deutschen Verfassungsgeschichte, 3. Aufl. 1978/1990

H/H   E.R. Huber, W. Huber, Staat und Kirche im 19. und 20. Jahrhundert, 1973 ff.

L   A. Läpple, Kirchengeschichte in Dokumenten, 1958

M   C. Mirbt, Quellen zur Geschichte des Papsttums und des römischen Katholizismus, 5. Aufl. 1934

M/A   C. Mirbt, K. Aland, Quellen zur Geschichte des Papsttums und des römischen Katholizismus, 6. Aufl. Bd. I 1967

R   H. Raab, Kirche und Staat, 1966

S/M   C. Stephenson, F.G. Marcham, Sources of English Constitutional History, 1937

W I   L. Weinrich, Quellen zur deutschen Verfassungs-, Wirtschafts- und Sozialgeschichte bis 1250, 1977

W II L. Weinrich, Quellen zur Verfassungsgeschichte des Römisch-Deutschen Reiches im Spätmittelalter, 1983

Z   K. Zeumer, Quellensammlung zur Deutschen Reichsverfassung, 2. Aufl. 1913

Querverweisungen innerhalb dieses Buches werden in eckige Klammern gesetzt; z.B. bedeutet [Kap. 16 a]: Siehe dazu Staat und Kirche, Kapitel 16, Unterabschnitt a.

Literaturauswahl und Abkürzungsverzeichnis

Bihlmeyer/Tüchle	K. Bihlmeyer, H. Tüchle, Kirchengeschichte, 18. Aufl. 1966 ff.
v. Campenhausen	A. v. Campenhausen, Staatskirchenrecht, 3. Aufl.1996
Ebers	G. J. Ebers, Grundriß des katholischen Kirchenrechts, 1950
Erler	A. Erler, Kirchenrecht, 5. Aufl. 1983
EvStL	Evangelisches Staatslexikon, 3. Aufl. 1987
Feine	H. E. Feine, Kirchliche Rechtsgeschichte, Bd. I, 3. Aufl. 1955
Friedberg	E. Friedberg, Lehrbuch des katholischen und evangelischen Kirchenrechts, 6. Aufl. 1909
Haller	J. Haller, Das Papsttum, 2. Aufl. 1950 ff.
v. Hase	K.A. v. Hase, Kirchengeschichte, 11. Aufl. 1886
Hauck	A. Hauck, Kirchengeschichte Deutschlands, 4. Aufl. 1912 ff.
HRG	A. Erler, E. Kaufmann (Hg.), Handwörterbuch zur deutschen Rechtsgeschichte, 1974 ff.
Heussi	K. Heussi, Kompendium der Kirchengeschichte, 18. Aufl. 1991
Huber VG	E. R. Huber, Deutsche Verfassungsgeschichte seit 1789, Bd. I–VII 1957 ff., Bd. I und IV in 2. Aufl. 1975 und 1982, Bd. II und III in 3. Aufl. 1988
Müller	K. Müller, Kirchengeschichte, 3. Aufl. Bd. II 2, 1923, Bd. I 1 (gemeinsam mit H. v. Campenhausen), 1941
RGG	Die Religion in Geschichte und Gegenwart, 3. Aufl. 1957 ff.
Schmidt	K. D. Schmidt, Grundriß der Kirchengeschichte, 5. Aufl. 1967
Seppelt	F. X. Seppelt, Geschichte der Päpste, 2. Aufl. 1954 ff., ab Bd. IV neu bearbeitet von G. Schwaiger
TRE	Theologische Realenzyklopädie, 1977 ff.

Register

Buchanzeigen

Reinhold Zippelius bei C.H. Beck

Kleine Deutsche Verfassungsgeschichte vom frühen Mittelalter bis zur Gegenwart

3., verbesserte Auflage. 1996. 190 Seiten. Paperback
ISBN 3-406-37431-X
(Beck'sche Reihe, Band 1041)

Geschichte der Staatsideen

9., verbesserte Auflage. 1994. 212 Seiten. Paperback
ISBN 3-406-33722-8
(Beck'sche Reihe, Band 72)

Allgemeine Staatslehre (Politikwissenschaft)

12., neubearbeitete Auflage. 1994. XI, 442 Seiten. Kartoniert
ISBN 3-406-38267-3
(Juristische Kurzlehrbücher)

Rechtsphilosophie

3., neubearbeitete Auflage. 1994. XIII, 279 Seiten. Kartoniert
ISBN 3-406-33826-7
(Juristische Kurzlehrbücher)

Juristische Methodenlehre

6., neubearbeitete Auflage. 1994. IX, 112 Seiten. Kartoniert
ISBN 3-406-34875-0
(JuS-Schriftenreihe, Heft 93)

Grundbegriffe der Rechts– und Staatssoziologie

2., neubearbeitete Auflage.1991. IX, 119 Seiten. Kartoniert
ISBN 3-406-35213-8
(JuS-Schriftenreihe, Heft 111)

Deutsches Staatsrecht

(vormals gemeinsam mit Theodor Maunz†)
29., völlig neubearbeitete Auflage. 1994. X, 447 Seiten. Kartoniert
ISBN 3-406-38130-8
(Juristische Kurzlehrbücher)

Verlag C. H. Beck München

Schriften zur Rechtstheorie
Heft 163

Recht und Gerechtigkeit in der offenen Gesellschaft

Von

Reinhold Zippelius

Zweite, erweiterte Auflage

449 Seiten 1996. ISBN 3-428-08661-9

Es ist das Los des Juristen, Antworten auf Fragen des Rechts und der Gerechtigkeit in einem experimentierenden Denken zu suchen, ohne je an ein Ende zu gelangen. Das ist der Leitgedanke, der dieses Buch durchzieht: Es bekennt sich zu dem Horazischen „sapere aude", das Kant zum Wahlspruch der Aufklärung erhob. In seinem Doppelsinn bezeichnet dieses Wort den Mut zu einer rationalen Bewältigung der Fragen, welche die Welt uns aufgibt, zugleich aber auch das Bewußtsein, daß jeder Versuch hierzu ein Wagnis bleibt.

In ihren Legitimitätsvorstellungen folgen die Arbeiten dem Gedanken Kants, daß das vernunftgeleitete Gewissen der Einzelnen die letzte Instanz unserer moralischen Einsicht und damit auch unserer Gerechtigkeitsauffassungen ist. Im methodischen Vorgehen stimmen sie in hohem Maße mit der Wissenschaftstheorie Karl Poppers überein und erweitern deren Anwendungsfeld auf das Gebiet des Rechts.

Verlag Duncker & Humblot Berlin